Carrie Denny

Mode d'emploi de la future mariée

Comment survivre au plus beau jour de votre vie et peut-être même l'apprécier

Illustrations de Paul Kepple et Scotty Reifsnyder

MARABOUT

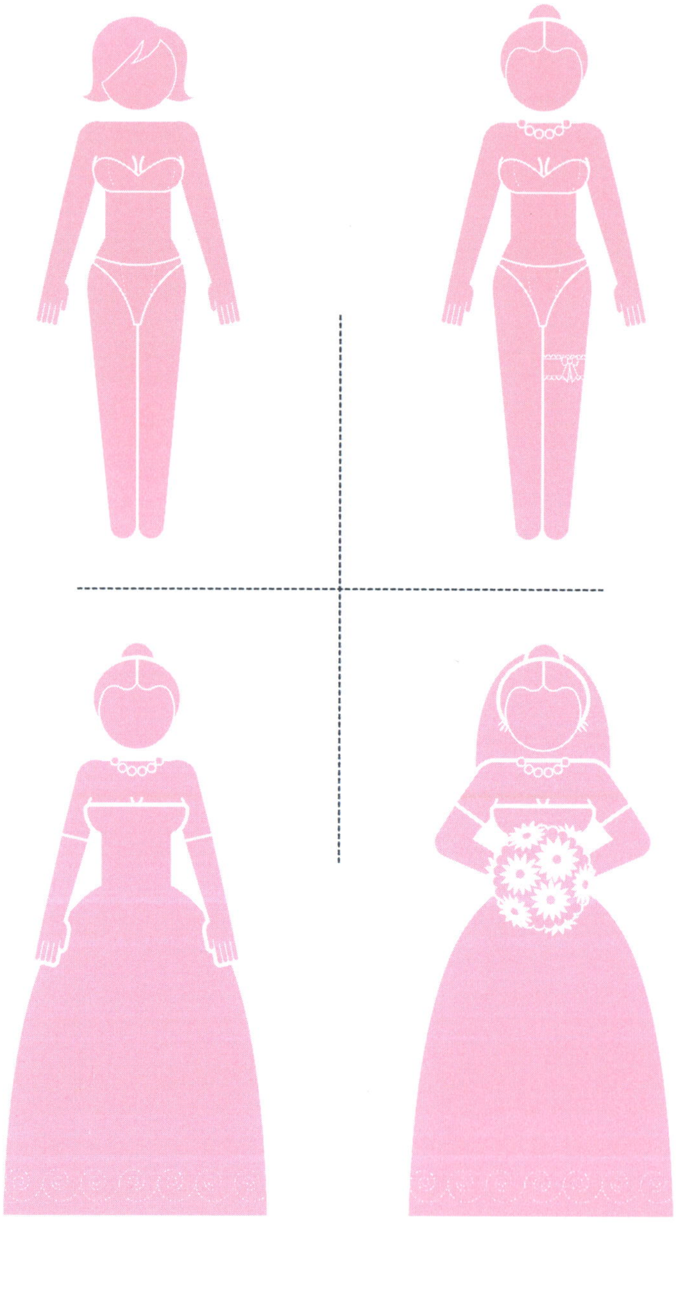

Sommaire

CHAPITRE 5

Les rouages indispensables

CHAPITRE 6

Les responsables de la réception

CHAPITRE 7

La logistique

CHAPITRE 8
La cérémonie

CHAPITRE 9
Gérer les relations

CHAPITRE 10
Préparer la robe

CONCLUSION
Au bout du compte, vous êtes mariée !

Félicitations, vous êtes fiancée !

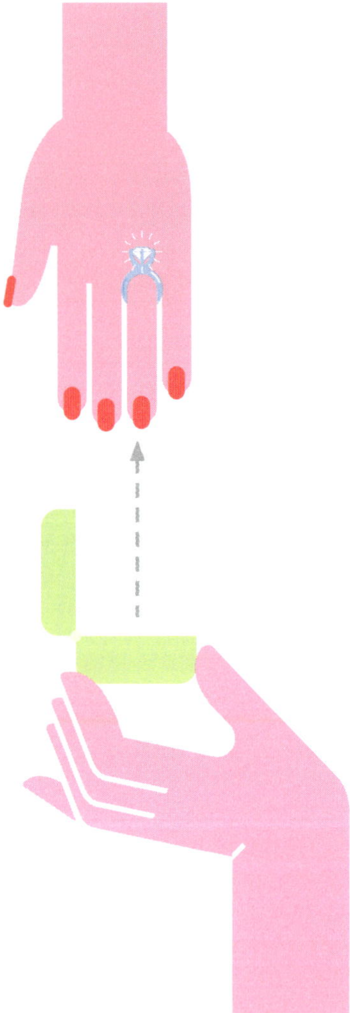

Attention

Je suppose, puisque vous avez ouvert ce livre, que vous l'avez choisi sur les rayons de votre librairie favorite, ou qu'une amie ou un membre de la famille vous l'a offert. Vous portez probablement déjà à l'annulaire de la main gauche un caillou somptueux, étincelant et, avec un peu de chance, voyant.

Et maintenant, venons-en à la partie amusante - vous devez organiser votre mariage ! Youpi ! Sauf que... si vous avez ce livre entre les mains, j'imagine que cette onomatopée ne reflète pas exactement vos sentiments quant à l'organisation d'un mariage, non ? Vous vous posez des questions. Vous êtes préoccupée. Vous avez de l'urticaire - pas à propos du mariage, évidemment, ni de l'homme merveilleux qui vous a demandé votre main - à la pensée d'avoir à préparer ce grand jour.

Ne craignez rien. Tout ira très bien.

Pour commencer, puis-je vous suggérer de ne pas considérer cette journée dans son ensemble (une entreprise gigantesque), mais plutôt d'envisager chaque aspect de l'organisation séparemment ? C'est beaucoup moins effrayant. Vous allez choisir de jolies fleurs ! Goûter des choses délicieuses ! Faire les boutiques à la recherche de la plus jolie robe de mariée qui puisse exister ! Parce que c'est ainsi que nous allons procéder : une étape à la fois, et chaque problème sera réglé et évacué avant même que vous ne vous en soyez rendu compte.

Nous allons également choisir un ordre de bon sens - autrement dit, vous n'aurez pas à parcourir ce livre dans tous les sens pour savoir comment aborder l'étape suivante. Nous allons prendre sans délai quelques décisions d'ordre général, de celles qui consomment du temps et de l'énergie et qui déterminent la façon dont vous allez passer aux choses sérieuses. Et si le fait de prendre ces décisions vous donne de légères palpitations cardiaques et décuple l'envie de vous arracher les cheveux, ne vous inquiétez pas. Il s'agit de grandes décisions et, à moins que vous n'ayez passé toute votre vie à prévoir cette journée, il est tout à fait normal que vous ne sachiez pas exactement ce que vous voulez. Soyez seulement assurée qu'une fois que vous aurez trouvé quel type de réception vous souhaitez, si vous en souhaitez une, et défini le montant de votre budget global, tout le reste ne sera qu'une expérience agréable.

Quelles seront les choses sérieuses ? Eh bien, nous allons choisir et retenir les fournisseurs ! Quand ce sera fait, nous passerons aux plaisirs précédemment mentionnés : tester des menus délicieux et décider de ce qui sera servi à votre réception ; tremper des morceaux de gâteau au chocolat, de quatre-quarts ou de gâteau à la carotte dans des cremes au caramel, au chocolat et à la framboise et dans des glaçages à la crème au beurre pour savoir ce que vous préférerez voir sur le nez de votre époux lors de la grande soirée ; hésiter entre les callas et les tulipes violet profond ; choisir les cartons d'invitation parmi vos couleurs préférées et compter toutes les réponses positives et enthousiastes que vous recevrez. Et, au cas où nous l'oublierions, choisir une jolie alliance (avec un peu de chance, scintillante).

S'il vous arrive de vous sentir débordée, prenez du recul. Faites une promenade ou une sortie avec votre futur mari sans parler du mariage ni même y penser. Rappelez-vous qu'il n'y a pas de règles - et peu importe ce qui est branché ou non quand il s'agit de votre mariage - et que ce jour peut être ce que vous voulez qu'il soit. Et bien qu'il s'agisse sans nul doute d'un grand jour, ce n'est qu'un jour : ce à quoi vous vous préparez est une vie merveilleuse avec l'homme de vos rêves. Aucune nappe mal assortie, aucun discours aviné ne changera rien au fait qu'à la fin de la journée, vous serez enfin mari et femme. Alors profitez-en !

CHAPITRE 1

Vous êtes fiancée, et maintenant ?

Adoptons dès maintenant le principe d'« une tâche à la fois » dont nous avons parlé. Vous allez commencer par réfléchir, puis décider et réserver. Vous voyez ce que je veux dire ?

Gardez à l'esprit que si vous vous sentez débordée, c'est que vous êtes probablement retombée dans le piège de la vision d'ensemble. N'imaginez pas votre réception de mariage en faisant un compte à rebours. L'objectif est d'avancer.

Faites une pause et savourez

Je suis très ferme sur ce point. On va commencer à vous poser des questions tout de suite. Peut-être même viendront-elles de connaissances lointaines qui remarqueront votre bague de fiançailles alors que vous vous apprêtez à en parler à vos proches :

- « Vous avez fixé une date ? »
- « Quelles couleurs as-tu choisies ? »
- « Où cela se passera-t-il ? »
- « Est-ce que ta cousine au troisième degré du côté de la mère de ton beau-père sera ton témoin ? »

Vous allez devoir faire face à des questions incessantes, mais rien ne vous oblige à avoir les bonnes réponses. Une fois que cela commence, c'est parfois dévorant, posez-vous donc une minute. Prenez plaisir à présenter votre fiancé, passez des heures à contempler votre bague et profitez de votre relation comme vous avez toujours su le faire. Bientôt, il vous sera difficile de lui parler d'autre chose que du choix du menu. Ne cédez pas à la pression et à la curiosité de votre entourage et ne pensez pas que vous devez tout planifier dès maintenant. Vous n'avez pas à le faire. Vous y arriverez en temps et en heure.

Imaginez le grand jour : définissez les priorités

Ce sont les grands choix, ou les plus fondamentaux, que vous devez faire pour organiser le reste, et vous vous sentirez libérée quand vous les aurez rayés de votre liste.
1. **En quelle saison - ou à quel mois - voulez-vous vous marier ?** La réponse semble facile à donner - et elle l'est sans doute si vous vous référez simplement à vos préférences - mais elle peut demander réflexion. Vous avez peut-être toujours rêvé d'un somptueux mariage en septembre et il vous semble impossible qu'il en soit autrement. Bien, mais si l'on vous a demandé en mariage en février ? Vous devez décider si vous voulez ou pouvez organiser la cérémonie en sept mois ou si vous êtes prête à attendre un an et demi pour vous marier à votre saison préférée. Si ce délai vous semble trop long et qu'une fête toute simple vous convient, faites une petite enquête. Renseignez-vous sur les lieux et les fournisseurs ; tout est probablement possible. Mais si vous souhaitez une cérémonie très élaborée et le lieu le plus recherché de la ville, cela n'entrera probablement pas dans un calendrier d'urgence.

IMAGINEZ LE GRAND JOUR

Prenez le temps de choisir le style de mariage que vous et votre fiancé appréciez le plus.

Définissez les priorités du jour J :

1. Fixez la saison ou le mois de votre mariage.

2. Déterminez le type de réception que vous envisagez pour le grand jour.

3. Décidez du nombre de personnes que vous pouvez inviter de façon réaliste.

4. Demandez-vous si tous vos Vrais Invités Prioritaires peuvent s'offrir le déplacement.

2. Quel type de réception souhaitez-vous ? Encore une décision qui n'appartient qu'à vous et au futur marié. Que voyez-vous quand vous imaginez votre première danse ? Êtes-vous dans une salle de bal grandiose, dans un lieu luxueux, chic, urbain ? Vous voyez-vous dans un cadre rustique, dans une grange haute de plafond, aux murs blanchis à la chaux, à la décoration simple et écologique ? Éclaircissez ce point avant de prendre la moindre décision. Cette première option va influer sur le lieu, et par conséquent sur le décor, sur votre tenue et sur tout ce qui s'ensuit.

Parole d'expert

Les mariages lointains. *Si, lorsque vous imaginez votre première danse, vous songez à la Corse où vous avez passé vos premières vacances ensemble ou à ce vignoble italien où votre fiancé a fait sa demande, sachez que ce type de mariage est une tout autre affaire. Même si vous avez ce sentiment d'évidence en imaginant des noces sur une plage de Porto-Vecchio ou au cœur de la Toscane, vous devez déterminer si votre budget et celui de vos invités supporteraient ce genre de réception. Et si la majorité de vos invités n'avait pas les moyens de faire face à cette dépense ? Avez-vous envie d'organiser ce mariage par téléphone et courriels, et de prier pour que le fleuriste contacté ne se contente pas de prendre quelques fleurs d'hibiscus dans le vestibule, de les entourer d'un joli nœud et de s'arrêter là ? Si vous décidez de tout faire pour concrétiser votre rêve de mariage lointain, c'est formidable, mais documentez-vous d'abord : téléphonez, renseignez-vous sur les papiers administratifs à fournir et engagez un wedding planner.*

3. Tous les invités dont vous souhaitez la présence pourront-ils être là ? S'il est inenvisageable de régler certains aspects de l'organisation par courriel, une fois que vous aurez une idée de la date de votre mariage, vérifiez la disponibilité de vos Vrais Invités Prioritaires. Envoyez un message à vos proches et à tous ceux que vous souhaitez voir présents. Vous ignorez peut-être que deux amies de lycée, par ailleurs cousines, ont déjà une réunion de famille ce week-end-là et, une fois que vous aurez signé les contrats et réservé des billets inéchangeables, il sera trop tard. Vous serez désolée de ne pas avoir vérifié avant d'avoir imprimé les faire-part.

4. Quelle ampleur voulez-vous donner à cette réception ? Je parie que vous pensez que c'est à vous de décider. Jusqu'à un certain point (à moins que vous ne régliez 100 % des frais, auquel cas vous décidez de tout). L'ampleur des festivités dépend de divers facteurs, comme le style de la réception, le lieu où elle se déroule et votre budget global.

Déterminez votre budget

1. Établissez avec votre fiancé une liste préliminaire d'invités pour vous mettre d'accord. Quand vous envisagez votre mariage, à qui pensez-vous ? Inviterez-vous simplement votre famille et vos amis les plus proches ? Ou s'agit-il d'une nouba en règle où toutes vos relations se tasseront sur la piste de danse jusqu'à ce que le DJ sonne la fin des réjouissances et envoie tout le monde au lit ? Dans un cas comme dans l'autre, on est toujours étonné de la vitesse à laquelle la liste s'allonge.

2. **Documentez-vous.** Peut-être avez-vous décrété depuis votre plus tendre enfance que votre mariage serait célébré dans un lieu bien précis qui vous a particulièrement marquée - une belle salle de danse ornée de marbre, un parc splendide où des cygnes blancs nagent sur un étang, le restaurant le plus chic de la ville… Vous le voulez et vous l'aurez ; c'est sa superficie qui déterminera le nombre d'invités. Si vous avez une idée fixe de ce type, réunissez toutes les informations et, évidemment, mettez votre futur époux au courant. Il ne se rend peut-être pas compte que son mariage est régi par les normes de sécurité d'une salle de réception.

3. **Estimez votre budget initial et fixez qui paie quoi.** Dans la majorité des cas, c'est ce qui va finalement vous dicter la longueur de la liste des invités. Si, comme de nombreux couples, vous recevez une aide financière partielle ou totale des parents, de l'un ou de l'autre, parlez de votre budget avec eux. La plupart des lieux de réception - et des traiteurs, pâtissiers, etc. - vous indiqueront un prix par personne ; le nombre d'invités influence donc directement l'addition finale.

(Lieu + Menu) x Invités = €

Réfléchissez à ceci : si votre mariage coûte 200 euros par personne et que vous ajoutez vos trois collègues, dont deux avec leur épouse simplement parce que vous vous sentez tenue de le faire, vous augmentez l'addition de 1 000 euros. Encore 1 000 euros pour la salle, et vous devrez réduire la décoration florale ou la qualité du papier des invitations. C'est ainsi que vous devez établir le lien entre votre budget et l'ampleur de votre mariage.
Un autre facteur à ne pas oublier quand il s'agit de dresser la liste des invités : ceux qui signent les chèques ont leur mot à dire. Vous ne teniez pas à faire la connaissance des partenaires de bridge de votre mère et des copains de golf de votre grand-père, serrant leur mouchoir pendant que vous et votre bien-aimé échangez vos serments ? Si vos parents paient et qu'ils souhaitent leur présence, vous n'y échapperez pas.

Qu'est-ce qui comptera le plus dans votre budget global ?

Une fois que vous saurez qui met au pot - vous, vos parents ou les parents de votre fiancé, ou bien vous bénéficiez d'un legs de votre arrière-grand-père, peu importe -, déterminez le montant de votre budget global avant de vous attaquer à l'organisation. Vous ne pourrez prendre aucune initiative sans cela.
Nous décomposerons ce budget en détail un peu plus tard. Mais retournez les choses dans votre tête.

- Si vous voulez absolument le meilleur photographe de la région et son matériel haut de gamme, comptez 20 % de votre budget total ; commencez donc par là et voyez ce qu'il reste.

- Si tout ce qui vous intéresse est de porter la robe de vos rêves plutôt qu'un second choix, partez en quête de la robe, puis voyez ce qu'il reste.

- Si vous n'êtes pas sûre de vos priorités, explorez petit à petit les divers domaines - robe, lieu, traiteur, photographe, invitations, orchestre -, ce qui vous permettra de calculer les montants à leur attribuer. Il ne s'agit pas d'une démarche objective, évidemment, et ce livre ne peut définir vos priorités personnelles. Utilisez l'aide-mémoire ci-dessous comme point de départ (vous trouverez des fiches supplémentaires en appendice, p. 132-133).

AIDE-MÉMOIRE BUDGÉTAIRE

Cette fiche vous servira à faire le tour de toutes les dépenses possibles pour les festivités.

BUDGET GLOBAL DISPONIBLE

Lieu	€
Traiteur	€
Photographe	€
Robe	€
Invitations	€
Fleurs	€
Transport	€
Musique	€
Extra	€
TOTAL	€

Réception de fiançailles ou pas ?

Voilà une autre décision qui vous appartient, souvent en concertation avec vos parents. Peut-être êtes-vous tellement émoustillée par la demande de votre chéri que vous ne pouvez attendre le mariage pour célébrer l'événement avec vos amis et votre famille. Peut-être vos parents seraient-ils ravis de présenter leur futur gendre à leurs amis. Ou, à l'inverse, l'idée d'ajouter une réception prénuptiale à la liste des inévitables soirées de remise de cadeaux, enterrement de vie de jeune fille et autres vous ennuie-t-elle prodigieusement et préférez-vous qu'on vous offre un verre à l'occasion dans un bar.

Quelle que soit votre position sur ce point, c'est la bonne. Aucune règle d'étiquette ne vous impose de vous lancer dans une grande réception, pas plus qu'elle n'impose à ceux qui vous aiment de l'organiser en votre honneur.

JUIN

CHAPITRE 2

L'organisation des choses sérieuses

Vous savez quel style de réception vous voulez, quelle date vous convient, de quelle ampleur sera l'événement et (en gros) ce que sera votre budget global. Il est temps maintenant de faire vos premières recherches et réservations. Dans ce chapitre, vous allez vous renseigner sur les lieux de réception et sur les lieux de culte, réserver l'officiant et, par conséquent, confirmer la date du mariage.

C'est le moment également de vérifier que rien ni personne d'important ne vous amènera à changer de date. Souvent, c'est le photographe qui modifiera la donne car les meilleurs sont très demandés et ne peuvent assister à deux mariages à la fois. Mais vous considérerez peut-être que l'orchestre est l'élément phare du fameux grand jour et vous lui accorderez la priorité.

Vous allez maintenant entrer dans les détails de ces incontournables, vérifier les disponibilités des uns et des autres et signer des contrats. Chaque fournisseur sera traité dans les chapitres suivants mais, dans le cadre des étapes préliminaires, nous allons d'abord déterminer le lieu et réfléchir au choix du photographe et de l'officiant.

Le site magique : le lieu de réception

C'est le moment idéal pour avoir recours à ce merveilleux outil moderne qu'est l'Internet. Il est vraisemblable, maintenant que vous avez déterminé le style de réception que vous souhaitiez, que vous avez quelques adresses en tête. Il est temps de les examiner de près.

• Consultez les sites Internet. Cherchez sur Google les lieux qui répondent à vos critères dans votre région. Imprimez toutes les informations qui se rapportent à vous et à votre fête : les noms des coordinateurs d'événements de chaque lieu, les forfaits des traiteurs, les photos de mariages s'étant déjà déroulés dans ce lieu, la capacité d'accueil pour chaque scénario (cocktail, dîner assis, etc.).

• Lisez la presse spécialisée, de préférence les magazines locaux qui recensent les lieux de réception dans votre région.

• Parcourez mentalement la liste des mariages auxquels vous avez assisté dans la région. L'un des lieux était-il assez mémorable pour que vous envisagiez de le réserver ?

• Une fois que vous avez rassemblé ces informations, interceptez votre fiancé, étalez vos documents imprimés sur la table et téléphonez aux établissements qui vous plaisent à tous les deux.

• Vérifiez la disponibilité des lieux (certains sites ont un agenda en ligne) et prenez rendez-vous pour une visite. De nombreux établissements vous permettront de venir lors de la mise en place pour un mariage ; voir le lieu décoré plutôt qu'une salle vide avec des fils électriques qui traînent au sol vous permettra de vous faire une idée sur l'allure du site.

• Si cela vous arrange, n'hésitez pas à faire un saut sur place (lieu de culte, salle de réception, hôtel, parc, etc.) pendant votre heure de déjeuner, même si cela doit être en solo. Une visite complète, de A à Z, accompagnée du directeur de l'établissement, risque d'être assez longue ; mais si vous voulez jeter un œil sur plusieurs endroits pour restreindre le champ, allez-y. Si vous êtes éblouie par un lieu mais devez rentrer d'urgence au bureau pour la réunion de 15 h, prenez un rendez-vous pour le week-end ; vous reviendrez avec une liste de questions et, bien sûr, votre fiancé.

LIEUX ET DESTINATIONS SONT INFINIS

Votre pense-bête pour la recherche d'un lieu

Pendant la visite d'un lieu, n'hésitez pas à poser toutes les questions, absolument toutes, concernant le déroulement de votre fête.

• La fête doit-elle prendre fin à une heure donnée ?
Certains lieux, notamment en extérieur et ceux qui sont régis par des arrêtés municipaux stricts, peuvent imposer la fin des festivités à une heure précise. Vous devez en être informée dès le départ, au cas où celle-ci ne vous conviendrait pas. Demandez également si le lieu est situé dans une zone où le bruit est toléré (par exemple le bruit d'un rock endiablé portes-fenêtres grandes ouvertes sur le jardin). Si vous n'êtes pas disposée à sacrifier un orchestre ni une fête se déroulant en grande partie en plein air, renseignez-vous.

• Le forfait comprend-il un certain nombre d'heures ?
Les lieux de réception indiquent souvent l'heure la plus tardive à laquelle peut commencer la fête, et même si elle commence plus tôt, la durée de la réception est limitée à cinq heures. Si vous avez une bande d'amis enclins à faire la fête jusqu'à l'extinction des feux, ils risquent de se sentir frustrés.

• Que comprend le forfait ?
- Couvre-t-il la totalité de la nourriture, y compris le gâteau ?
- Le traiteur appartient-il à l'établissement ? Y a-t-il un traiteur exclusif imposé ou pouvez-vous engager le traiteur de votre choix ?
- Si vous engagez un fournisseur hors liste, devez-vous payer un supplément ? De nombreux suppléments facturés par les lieux de réception se cachent dans la nourriture, menez donc une enquête préliminaire.

• Un vestiaire est-il disponible pour la mariée et les dames ?

• Y a-t-il un parking ?

• L'établissement fournit-il un interlocuteur attitré ?
Vérifiez si sur place un responsable sera présent pour accueillir les fournisseurs et régler tous les petits problèmes - jusqu'aux bougies du chauffe-plats qui s'éteignent - sans déranger la jeune mariée.

Quand vous aurez réuni ces informations, veillez à noter soigneusement et en détail tous les frais se rapportant au lieu de réception. Les suppléments finissent par s'additionner, donc mieux vaut un maximum de transparence. Utilisez l'aide-mémoire de la page 22-23 et faites des copies de la fiche supplémentaire fournie en appendice (p. 134-135).

Parole d'expert

Lorsque vous aurez choisi le lieu, vous signerez un contrat officiel très détaillé. Relisez attentivement ce contrat et vérifiez que tous les points sur lesquels vous avez donné votre accord sont bien mentionnés. On vous demandera également un acompte immédiat pour la réservation définitive ; assurez-vous de pouvoir régler lors de la signature du contrat.

Lieu de réception ? Lequel ?

Peut-être n'aimez-vous pas les salles de danse. Peut-être n'y a-t-il pas près de chez vous un joli lieu qui vous séduise ou bien détestez-vous la plage. Peut-être avez-vous toujours rêvé d'une petite cérémonie discrète et d'une fête intime dans le jardin de vos parents ou dans le restaurant où vous êtes tombée amoureuse ; ou peut-être l'ami commun qui vous a présentés l'un à l'autre possède-t-il une propriété avec un charmant jardin et aimeriez-vous échanger vos vœux au bord de la piscine, puis réunir vos invités autour d'un barbecue. Formidable ! Vous marier selon votre fantaisie, dans un lieu qui vous est propre, conférera une note encore plus personnelle à cette journée, sans parler du travail sur le terrain que vous vous épargnez. Ne vous sentez pas contrainte de suivre les voies traditionnelles. Vous pouvez choisir le cadre qui a le plus de signification à vos yeux sans dépenser des fortunes.

Réservez le photographe

Il est bon de choisir rapidement le photographe, surtout si la photo est une priorité pour vous. Contrairement à un fleuriste ou à un traiteur qui peuvent gérer plusieurs mariages le même jour, un photographe ne peut par définition couvrir qu'un événement à la fois. Cela signifie que son agenda est rapidement rempli, et plus rapidement encore s'il est très demandé. Vous vous sentirez plus légère tout au long de la période de préparation si vous prenez rendez-vous tout de suite. Vous trouverez de plus amples informations sur le choix du meilleur photographe dans les pages 51 et 52.

Réservez l'officiant

Un de vos oncles, peut-être, est prêtre. Ou vous fréquentez la même synagogue et le même rabbin depuis des lustres et bien avant d'avoir fait la connaissance de votre futur mari. Ou votre meilleure amie fait des pieds et des mains pour vous présenter un officiant.

Si vous tenez à ce que votre mariage soit célébré par un officiant bien précis, contactez-le dès que possible. Un officiant ne peut célébrer qu'un nombre donné de mariages par jour et il faut peut-être organiser son déplacement. Vérifiez sa disponibilité à la date souhaitée et retenez-le dès que vous avez son accord. Vous trouverez plus de détails sur le choix d'un officiant dans les pages 100 à 103.

Aide-mémoire des lieux

Cette fiche vous servira à noter les détails importants
Après avoir visité les premiers de la liste, vous comparerez

LIEU

Nom	Date de la visite __ __ / __ __ / __ __
Adresse (numéro et rue)	Ville

Département/Province	Pays	Code postal

Tél. ___-___-____	Site Internet

COORDINATEUR/DIRECTEUR

M. ○ Mme ○ Mlle ○

Tél. ___-___-____	Courriel

Commentaires

concernant les lieux envisagés pour votre mariage.
vos impressions et vos informations recueillies pour chaque site.

CAPACITÉ

Cérémonie	Cocktail ◯ OUI ◯ NON
Dîner (assis)	Piste de danse
Heures ☐☐ : ☐☐ — ☐☐ : ☐☐	

TRAITEUR

Sur place	Liste proposée
Tarif, si traiteur choisi € ☐☐☐	Gâteau compris ◯ OUI ◯ NON
Tables et chaises comprises ◯ OUI ◯ NON	Linge compris ◯ OUI ◯ NON

SUPPLÉMENTS

Lieu pour les photos ◯ OUI ◯ NON	Parking ◯ OUI ◯ NON
Restrictions	Vestiaire
Acompte € ☐☐☐	Acompte de réservation € ☐☐☐
Impressions générales	

CHAPITRE 3

La distribution des rôles

Accordez-vous une petite tape sur l'épaule ! Vous avez déjà réglé un certain nombre de choses, vous êtes donc bien partie. Maintenant, qui va vous soutenir et qui sera présent à votre mariage ? Il est clair que des décisions importantes doivent être prises. Mais avant de demander à tout le monde, dans l'euphorie des préparatifs, d'assister à votre mariage et pour certains d'y participer, considérez les problèmes de logistique.

Le choix des témoins

De nos jours, faire partie du cortège de noce est plus un honneur et un privilège - soutenir une amie au cours d'un des jours les plus importants de sa vie - qu'un poste de responsabilité comportant des devoirs. Ne vous attendez donc pas à ce qu'on fasse vos quatre volontés. Ou bientôt vous constaterez qu'on vous surnomme Bridezilla, tout le monde pleurera et ce sera la pagaille. (NdT : *Bridezilla* est un mot-valise composé de *bride* (mariée en anglais) et de zilla, contraction de Godzilla, ce fameux monstre qui détruit tout sur son passage).

Le rôle des témoins

Vos témoins vous rendront cependant de précieux services ici et là. Vous pouvez leur demander certaines choses et - si vous avez choisi des personnes qui vous aiment assez - elles n'hésiteront pas une seconde à vous prêter main-forte.

1. Votre témoin peut recueillir les mensurations de tout le cortège d'honneur.

2. Tous vos témoins filles se feront un plaisir de venir passer une soirée chez vous pour boire un verre et attacher des rubans sur 300 invitations.

3. Avec le concours de votre mère ou de la mère de votre fiancé, elles peuvent organiser une merveilleuse soirée de remise de cadeaux et, si cela vous fait plaisir, une soirée folle et délirante d'enterrement de vie de jeune fille (si elles ne remplissent pas au moins cette tâche, envoyez-les balader).

Qui sera sélectionné ?

Vous passerez après vos fiançailles par une période de joie pure et vous voudrez partager tout ce bonheur. C'est parfait - escrimez-vous à appeler tous vos proches pour leur annoncer la nouvelle, mais n'ajoutez pas, à la fin de la conversation avec vos meilleures amies ou avec les membres de la famille, que vous adoreriez qu'ils soient vos témoins. Contrôlez-vous un peu. Attendez quelques semaines et réfléchissez.

Combien de témoins voulez-vous ? Il est probable que le nombre de vos amis déterminera le nombre de témoins, c'est-à-dire que vous ne déterminerez pas un nombre arbitraire auquel vous essaierez de vous conformer.

Combien votre fiancé aura-t-il de témoins ? Les deux clans devront être aussi équilibrés que possible.

SOYEZ PRUDENTE DANS LE CHOIX DE VOS TÉMOINS

1. La proportion de témoins filles et garçons doit être aussi équilibrée que possible.
2. Les personnes choisies doivent être ponctuelles à tous les rendez-vous.
3. Les témoins filles doivent accepter de payer leur robe.
4. Les personnalités inventives et amusantes sont essentielles dans l'organisation.

Même si vos témoins n'ont pas réellement de tâches assignées, ils doivent être fiables et :

- arriver à l'heure à toutes les réunions concernant le mariage ;
- s'offrir leur tenue ;
- avoir les ressources nécessaires pour organiser diverses activités.

Évaluez donc la fiabilité de chaque ami et son sens des responsabilités. Si l'un d'entre eux vous rend folle en permanence et risque d'arriver dans une tenue inadéquate parce qu'il aura laissé passer la date limite pour commander celle que vous espériez, peut-être faudra-t-il le cantonner à une lecture lors de la cérémonie.
Choisissez votre témoin les yeux fermés. Il peut s'agir de votre sœur (ou de vos deux sœurs si cela vous fait plaisir), de votre cousin qui est presque un frère ou de cette meilleure amie que vous connaissez depuis toujours. Les filles auront un peu plus de travail que les garçons : elles devront prendre l'initiative d'organiser les soirées prénuptiales et si vous avez besoin d'aide en quoi que ce soit, ce sont elles que vous solliciterez en premier. Donc, s'il est évidemment important qu'elles soient aptes à gérer tout cela, l'essentiel est qu'elles soient parmi vos préférées.
Ne choisissez pas un témoin par obligation ni par culpabilité. Cette amie que vous rencontrez souvent à l'université vous a demandé de faire partie de la bande, mais vous n'aviez pas songé à l'inviter. Peut-être cette femme, avec qui vous n'êtes amie que depuis deux ou trois ans, a-t-elle de grandes qualités d'écoute et beaucoup de temps à vous consacrer. Si ces personnes ne se sont pas imposées immédiatement à votre esprit lors du choix des témoins, ne leur proposez pas ce rôle. Cela vous fera tout drôle de les voir parmi vos sœurs et amies de toujours. Trouvez-leur une autre tâche ou marque de considération qui témoigne de la place qu'elles ont dans votre vie, par exemple une lecture pendant l'office, la responsabilité du livre d'or ou le lancement d'un toast.
Enfin, choisissez des témoins qui ont toujours été à vos côtés, dans toutes les circonstances, et qui y resteront durant cette période et tout le reste de votre vie.

Habiller les enfants d'honneur

Vous connaissez le principe. Les parents de vos enfants d'honneur espèrent vivement que vous allez leur choisir une tenue qui va être absolument fabuleuse sur eux, qui coûtera, disons, 50 euros maximum et qui sera portable en toute nouvelle occasion habillée. Vous répondrez à certaines attentes, pas à toutes.

1. En faisant votre shopping (peut-être en traînant l'une des demoiselles d'honneur qui fera office de mannequin), n'oubliez pas votre thème de couleurs. Essayez de trouver une couleur qui corresponde à la saison de votre mariage et à la palette que vous avez définie pour les fleurs et autres décorations.

2. Soyez gentille – ne choisissez pas un style qui n'ira merveilleusement bien qu'à l'un de vos enfants d'honneur ou dans lequel ne serait-ce qu'un seul d'entre eux se sentira mal à l'aise toute la journée. Vous les aimez, non ? Essayez de trouver une ligne flatteuse pour tous et restez attentive au coût de la tenue.

3. Enfin, ne vous inquiétez pas trop de savoir si cette tenue sera portée à nouveau. Ce ne sera sans doute pas possible et, au fond, vos enfants d'honneur le savent. Ils s'en remettront.

HABILLER VOS TÉMOINS

Costume

Queue-de-pie

Les costumes du cortège

1. Choisissez une robe dans laquelle toutes se sentiront à l'aise.
2. Choisissez une robe dont les couleurs correspondent à la saison.
3. Préférez le costume pour un mariage décontracté et la queue-de-pie pour une réception habillée.

(Fig. A)
Fête décontractée à la plage

(Fig. B)
Soirée habillée

Adoptez une tactique similaire pour les garçons d'honneur : choisissez une couleur et un style appropriés à la réception (chemise blanche, peut-être un plastron : l'idéal pour un mariage décontracté sur une plage). Laissez votre fiancé dire son mot - après tout, certains viennent aussi pour lui.

Établir la liste des invités

Honnêtement, ça peut être un sacré casse-tête. La bonne nouvelle : au moins, vous connaissez déjà le nombre d'invités, déterminé par le lieu de réception et les paramètres fondamentaux de votre budget. La moins bonne nouvelle : vous devez maintenant vous asseoir et établir la fameuse liste.

Qui sera sélectionné ?

Cette tâche apparemment simple est, parmi toutes celles qui vous attendent, celle qui risque le plus de dégénérer en combat collectif. Seront impliqués : vous, vos parents et votre fiancé qui vérifiera la liste avec ses parents. Vous allez commencer par un nombre plus important que celui qui est prévu et le réduirez petit à petit. Ne considérez rien comme acquis : même si vous n'avez pas parlé à votre grand-tante Marguerite qui vit au Canada depuis quinze ans, votre mère peut très bien insister pour l'inviter. Profitez de cette étape pour entendre les souhaits de tous les protagonistes.

1. Notez la capacité d'accueil maximale du lieu de réception.

2. Déterminez le nombre de personnes « non négociables ».

3. Calculez le nombre de places restant en soustrayant **2** de **1**.

4. Informez les deux couples de parents du nombre de places disponibles pour les invités de leur choix. Complétez la liste avec eux ou attribuez le même nombre d'invités aux uns et aux autres et laissez-les réfléchir à leurs invités.

Cette démarche collective est d'une importance capitale pour votre équilibre mental, sans parler de celui de l'imprimeur et du traiteur.
C'est également le moment de décider du détail que vos invités remarqueront en priorité en ouvrant leur invitation : qui sera prié de venir accompagné ?
En règle générale, sont accompagnés ceux qui sont mariés, fiancés ou vivent en concubinage depuis un certain temps (disons un an avec la même personne) ; les autres, non. Ne faites pas d'exception, sous peine d'en entendre parler longtemps.
Enfin, pensez aux enfants. Nous adorons tous les bouts de chou quand ils font un câlin sur nos genoux ou jouent tranquillement mais, dans le cadre de votre mariage, vous devez décider si vous souhaitez leur présence et s'ils entrent dans votre budget.

Il doit être assez facile de répondre à ces deux questions.

• Si, d'emblée, vous savez que vous devriez inviter trente-cinq enfants et que vous ne pouvez pas vous permettre d'engloutir votre budget dans leur repas, la réponse sera probablement « pas d'enfants ».

• Si vous voulez que cette journée soit élégante et policée, et pas le genre de réception où des doigts couverts de ketchup risquent de se poser sur votre robe, la réponse est de nouveau « pas d'enfants ».

• Cependant, si vous avez quatre nièces et neveux, et que l'ami d'enfance de votre fiancé a des jumeaux, si vous les aimez tous et n'imaginez pas la piste de danse sans eux, alors évidemment, invitez les enfants (vous pouvez néanmoins limiter l'invitation aux amis et aux parents proches).

Parole d'expert

Vos invités ne vous en voudront pas de devoir engager une baby-sitter pour la journée, mais votre nièce joue un rôle de premier plan dans votre mariage. Dans ce cas, les enfants de votre famille immédiate ont un laissez-passer.

Les points délicats

Je ne veux pas vous inquiéter, mais la différence de comportement de vos invités entre le moment où ils ont appris votre mariage et le moment où ils arrivent sur place peut être assez choquante. Vous pouvez également réaliser que vous avez pris quelques décisions douteuses concernant les personnes invitées. Voici quelques exemples de problèmes qui risquent de se présenter après l'envoi des invitations, et comment les gérer.

• **Les personnes qui se croient invitées – Oups !** Une collègue de votre belle-mère vous a envoyé un cadeau charmant, accompagné d'un mot disant combien votre mariage l'excitait. Et, à vrai dire, vous n'invitez pas les gens que vous n'avez jamais rencontrés. Que faire ? Expliquez à votre belle-mère que, même si vous la comprenez, vous souhaitez conserver un caractère intime à la fête. Sinon, envoyez un mot de remerciement et expliquez vous-même la situation.

• **Les personnes qui renvoient leur RSVP pour deux et étaient invitées seules.** Aujourd'hui, la plupart des gens comprennent qu'une invitation nominative signifie qu'elle leur est exclusivement destinée. Si, par malchance, certains invités ignorent cette règle d'étiquette ou passent joyeusement outre, vous devrez expliquer que votre budget et/ou le lieu ne peuvent pas accueillir plus d'invités que prévu (selon la personne, votre mère ou le wedding planner peut éventuellement s'en charger). Bien entendu, si cet ajout ne vous dérange pas, vous pouvez laisser faire, mais rappelez-vous : vous devrez laisser passer tous les autres contrevenants.

• **Les personnes qui insistent sur la joie des enfants à la perspective de la fête – alors que la réception est réservée aux adultes.** Il y a des gens à qui cela ne plaira pas – et qui, en fin de compte, ne viendront pas –, mais vous allez devoir leur téléphoner et leur expliquer que vous ne souhaitez pas la présence d'enfants à la réception. Imputez-en la responsabilité au traiteur qui applique le plein tarif au menu pour enfants, ou à n'importe qui, mais restez ferme vis-à-vis de tout le monde. Si vous laissez venir un seul couple avec ses enfants, vous allez fâcher tous ceux qui ont lu correctement l'invitation (à moins qu'il ne soit précisé « et la famille », les enfants ne sont pas inclus) et ont payé les services d'une baby-sitter. Si vous voulez rendre service à tous vos amis qui ont de jeunes enfants, arrangez-vous pour leur procurer une baby-sitter collective dans l'hôtel où sont logés la plupart des invités ou dans une maison d'amis à proximité – personne ne pourra alors vous accuser de ne pas être accueillante.

• **Des amis proches ont divorcé et chacun demande si l'autre va venir.** Dites aux deux que vous espérez leur présence, mais que vous comprendrez qu'ils se retirent avec élégance (plutôt que faire une scène devant le buffet). Et si tous deux renvoient le RSVP avec réponse positive, réjouissez-vous d'avoir des invités si matures - et placez-les chacun à une extrémité de la salle.

• **Super-organisée, vous avez envoyé vos invitations largement à l'avance, mais le délai de réponse est dépassé et plusieurs invités ne se sont pas manifestés.** La plupart du temps, les portés disparus appartiennent à deux catégories : (1) les membres de la famille et les amis proches qui savent que vous savez qu'ils viendront et ont la flemme de renvoyer leur carton ou (2) ceux dont vous n'avez jamais pensé qu'ils viendraient (votre amie d'université qui vit à 500 kilomètres et doit accoucher de son troisième enfant à la veille de votre mariage) mais que vous vouliez néanmoins inviter par courtoisie. Les invités de ces deux catégories - tout comme les gens dont vous n'avez tout simplement pas eu de nouvelles - devront être appelés pour obtenir une réponse. Faites-le vous-même ou chargez-en votre maman ou le wedding planner, mais vous (et votre traiteur) devez avoir un chiffre définitif. Dans la majorité des cas, ces retardataires bafouilleront des excuses et expliqueront qu'ils attendaient la confirmation de leur emploi du temps pour répondre.

• **Vous n'avez pas reçu le nombre de RSVP escompté et vous souhaitez lancer une deuxième vague d'invitations.** Ah, le scénario liste A/liste B ! Hasardeux. Très hasardeux ! Mais faisable. D'abord, vous devez vérifier que vous êtes dans les temps. Si la date butoir de votre premier RSVP tombe juste avant la date où vous devez informer le traiteur et le responsable du lieu, les destinataires du deuxième RSVP n'auront que, disons, environ deux jours de réflexion après la réception du carton. Vérifiez donc le compte à rebours. Mais rappelez-vous : vous ne pouvez pas éparpiller les gens de mêmes « groupes » dans vos listes A et B. Vous devez compartimenter. Mettez tous vos collègues et ceux de votre mari dans la deuxième vague et asseyez-les autour des mêmes tables. Vous ne pouvez pas les inviter en deux vagues différentes puis les parsemer dans votre plan de table - vous serez percée à jour en un clin d'œil. Essayez de traiter les autres comme vous aimeriez être traitée (c'est-à-dire de façon à ce qu'ils ne s'aperçoivent jamais qu'ils étaient sur la liste B).

• **Votre fiancé chéri demande si son ex pourrait être invitée.** Cela ne tient qu'à vous et à votre magnanimité. Et peut-être votre fiancé pourrait-il, du coup, supporter le vôtre ?

Projet de liste des invités

Après avoir recensé les invités « non négociables », cette fiche vous aidera à déterminer le nombre de places restant pour la liste « B ».

LISTE « A »

ⓐ CAPACITÉ D'ACCUEIL TOTALE			TOTAL
ⓑ INVITÉS NON NÉGOCIABLES			
MARIÉE	Famille		
	Amis		
MARIÉ	Famille		
	Amis		
ENFANTS INVITÉS	◯ O ◯ N		
Additionnez les invités non négociables			TOTAL

ⓐ - ⓑ = ⓒ

ⓒ SIÈGES POUR LA LISTE « B » ET LES INVITÉS HASARDEUX — TOTAL

LISTE « B » DE LA MARIÉE ET DU MARIÉ

Les amis de la mariée		Les amis du marié	
Les collègues de la mariée		Les collègues du marié	
Le patron de la mariée		Le patron du marié	
TOTAL		TOTAL	

LISTE « B » DES PARENTS

PARENTS DE LA MARIÉE	Parents éloignés		PARENTS DU MARIÉ	Parents éloignés	
	Amis			Amis	
	Patron/Collègues			Patron/Collègues	
	TOTAL			TOTAL	

⚠ INVITÉS HASARDEUX (réfléchissez bien avant de les inviter)

- ◯ Amis divorcés ◯ Lui ◯ Elle
- ◯ Ex de la mariée
- ◯ Ex du marié
- ◯ Le joyeux alcoolique
- ◯ Les fauteurs de troubles
- ◯ Divers

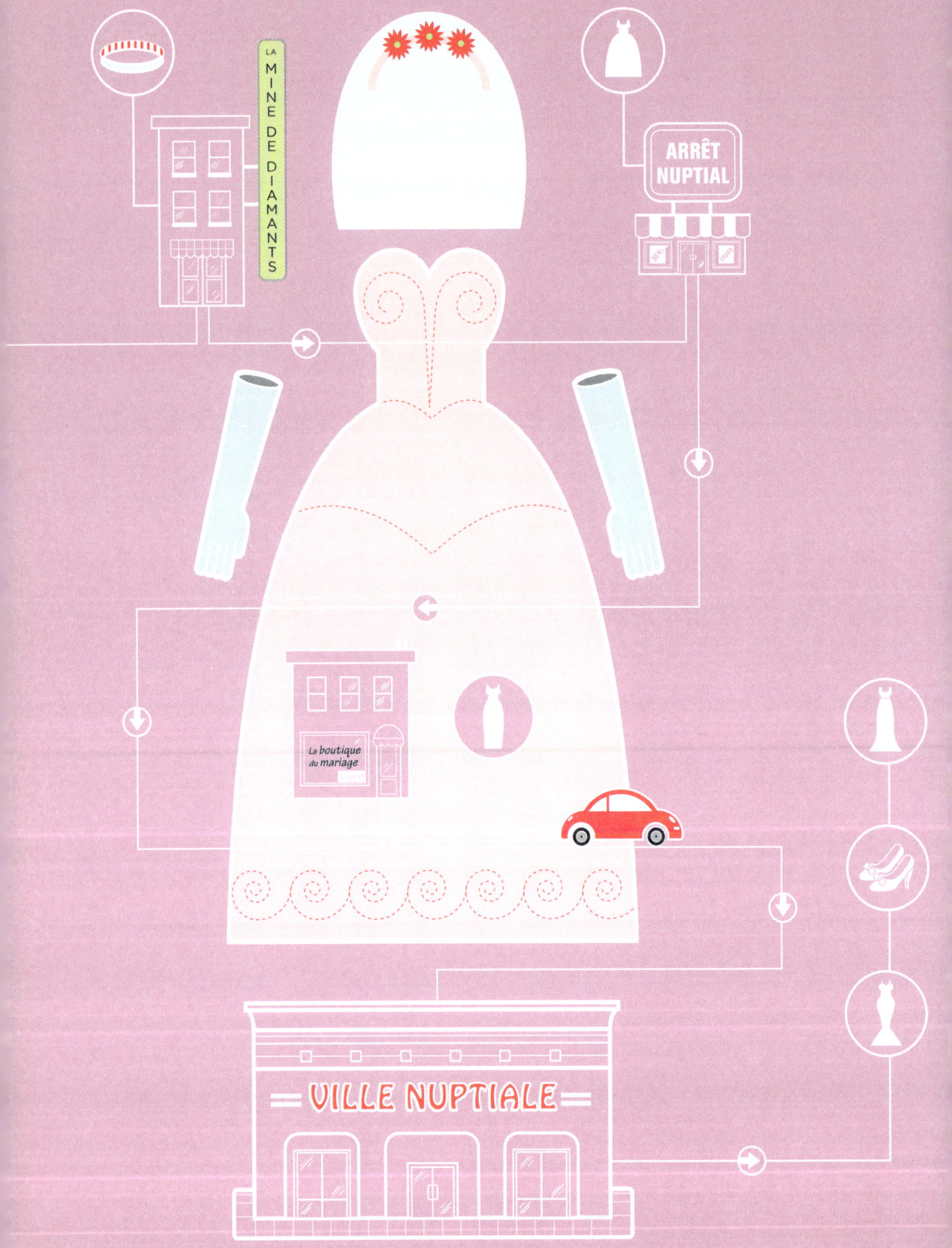
LA MINE DE DIAMANTS
ARRÊT NUPTIAL
La boutique du mariage
VILLE NUPTIALE

CHAPITRE 4

La robe

(la seule chose qui compte vraiment)

Vous avez une bague de fiançailles au doigt et vous avez réglé les détails exigeant une attention immédiate (le choix de la date, la réservation de l'officiant, du lieu de réception, éventuellement le photographe s'il est très demandé, etc.). Il est temps maintenant de vous consacrer à ce qui vous a toujours fait rêver depuis que, petite fille, vous avez attaché un drap sur votre tête et parcouru toute la maison en fredonnant La Marche nuptiale.

La robe. Enfin ! La robe.

Chercher la robe

La robe fait partie des préparatifs les plus réjouissants du mariage et il faut vraiment vous en occuper au plus tôt. Une commande spéciale, la personnalisation d'un modèle et les retouches éventuelles qui accompagnent votre probable régime prénuptial, tout cela prend du temps - prévoyez neuf mois à un an avant de vous avancer vers l'autel. Donc, dirigeons-nous vers les magasins.

Parole d'expert

Avant la mission de reconnaissance. *Si vos moyens financiers vous freinent dans votre élan, veillez à établir un budget avant de vous lancer dans un délire complet. Fixez une limite de prix et ne vous en éloignez pas. N'essayez même pas une robe qui dépasse largement votre budget. Vous risquez d'en tomber amoureuse et vous considéreriez la robe finale avec ressentiment, voire dédain. Ne vous mettez pas dans cette situation !*

Le cahier de style

Si vous n'êtes pas absolument sûre du style de robe que vous voulez et si vous ne fantasmez pas sur votre robe de mariage depuis l'école primaire, constituez un « cahier de style » avant de faire les magasins.

1. Découpez des pages de magazines, imprimez les pages des sites de stylistes et de créateurs, empruntez les albums de photos de mariage de vos meilleures amies - en gros, chaque fois que vous voyez une robe qui vous plaît, découpez-la et collez-la dans un petit cahier.

2. Étudiez les illustrations de différents looks pour fixer les grandes lignes de ce que vous aimez ou n'aimez pas. Cela facilitera la communication avec le personnel du magasin.

3. Notez ce qui vous plaît dans chaque robe :
   - Est-ce le tissu ?
   - La matière ?
   - La coupe ?

Gardez à l'esprit que les robes que vous contemplez sont probablement portées par des top-modèles fines comme des gazelles et, à moins qu'on ne vous compare souvent à Claudia Schiffer, vous ne pourrez faire votre choix qu'après avoir essayé les modèles convoités.

Assurez-vous d'être bien entourée

Il n'y a pas d'urgence à trouver la robe - ou n'importe quelle robe - dès votre première expédition dans les magasins. N'hésitez pas à faire plusieurs boutiques et à noter ce qu'elles proposent avant de choisir celle où vous prendrez rendez-vous pour des essayages. Vous pouvez faire cette tournée préliminaire seule ou en compagnie d'une amie fiable qui partage vos goûts.
Quand vous vous sentirez prête à braver l'étape des essayages, demandez-vous par qui vous souhaitez être accompagnée. Vous allez vous voir pour la première fois dans une robe de mariée et vous serez peut-être étonnée d'être aussi émue. Cela dit, ne vous sentez pas obligée de partager ce moment magique avec toute votre noce ou avec la famille au grand complet. Demandez-vous :

- Qui sera une aide quand vous essaierez de prendre une décision difficile ?
- Est-ce que votre maman, votre sœur ou votre meilleure amie vous aident en général à garder les pieds sur terre ?
- Seront-elles de bonne foi quand vous mettrez en balance plusieurs options ?
- Vous diront-elles qu'elles voient votre cellulite à travers ce fourreau ou si cette robe sans bretelles est moyennement flatteuse, vu que vous êtes plate comme une limande ? Si oui, emmenez-les avec vous.
- L'une de vos amies, pas nécessairement la plus proche, est-elle réellement un soutien quand vous vous sentez débordée ? Si oui, emmenez-la avec vous.

Si les litanies de votre mère déclenchent chez vous des poussées d'urticaire sur tout le buste - ce qui complique indubitablement le choix entre une encolure en V ou en cœur -, attendez d'avoir restreint le choix à deux ou trois robes avant de l'inviter à venir donner un avis. Cette sortie n'est pas une excursion de groupe ; limitez-vous à une ou deux personnes gaies et agréables.

Tour d'horizon

Examiner des rangées successives de robes, notamment des robes de même couleur, devient vite une activité désespérante.

1. Faites preuve d'ouverture d'esprit. Si vous voyez une robe qui vous plait - ou dont vous croyez qu'elle peut vous plaire -, essayez-la. Ne vous laissez pas influencer par son aspect sur un cintre, car en général l'effet est très différent quand elle est portée.

2. Rappelez-vous que les tendances de l'industrie de la mode nuptiale changent d'une année sur l'autre. Les créateurs décident de temps à autre qu'ils aiment les lourdes broderies perlées, les voiles ou les traînes interminables. Mais, si ces variations influent sur le choix offert en magasin, elles n'empêchent pas la diversité et ne vous obligent pas à opter pour un style différent de celui que vous aviez imaginé.

3. Essayez-en autant que vous le souhaitez, et même si la première vous emballe, continuez à demander conseil à votre entourage et à fréquenter toutes les conseillères qui pourront vous guider. Ne soyez pas trop rapide avec votre carte de crédit.

4. Cela ne signifie pas que vous devrez essayer des centaines de robes (surtout pas), mais il est bon de comparer et d'opposer. Quand vous en aurez vu une vers laquelle vous revenez systématiquement, il est probable que vous aurez trouvé la robe.

Communiquer avec les habilleuses

Les conseillères des salons sont là pour vous aider à trouver votre robe de mariée. Point. Faites connaissance avant d'empiler les robes dans votre cabine d'essayage.

- Décrivez le type de fête prévue, signalez les détails insolites concernant le cadre (en extérieur, sur une plage, etc.), évoquez vos soucis concernant votre physique et les styles que vous aimez.
- Si vous avez l'impression qu'elle ne s'intéresse pas à vous mais seulement à une vente, demandez à parler à une autre conseillère. Votre habilleuse doit comprendre qui vous êtes pour vous aider à trouver la robe parfaite. Si elle ne sent pas votre style, elle sera aussi utile dans ce domaine que votre labrador !
- Quand vous vous sentirez en phase avec votre habilleuse, faites-lui confiance : si elle vous apporte une robe à ceinture Empire, essayez-la, même si vous avez déjà précisé que vous vouliez une taille basse. C'est son métier et elle a vu un millier de jeunes femmes qui étaient faites comme vous. Elle a peut-être remarqué que vous avez des épaules ravissantes, ou des hanches très étroites ou un buste plus court que la moyenne, et elle vous présentera des robes dont elle a constaté qu'elles étaient superbes sur des silhouettes analogues à la vôtre. Après tout, le jeu ne consiste pas à trouver exactement la robe que vous avez toujours imaginée, mais celle qui sera la plus fabuleuse sur vous.

Pour vous aider à réfléchir : glossaire des termes

Alors que vous survolez les portants du regard, imaginez ce que donneront la couleur et la coupe de chaque robe sur vous. Voici quelques éléments de base à prendre en considération. Ce ne sont pas des règles absolues, évidemment – seulement quelques généralités utiles, issues de l'expérience de dizaines de futures mariées et de leurs crises de nerfs dans les cabines d'essayage.

La carnation

Vous êtes libre d'essayer des robes de toutes les teintes, mais si vous êtes frustrée par ce que vous voyez dans la glace, il y a probablement une raison. En règle générale, le blanc cassé, l'ivoire ou le crème sont des nuances qui mettent en valeur les teints clairs ou pâles car elles les rehaussent. Ces dernières années, les stylistes ont également créé de très belles robes dans des tons champagne ou rose pâle, également très flatteurs (Allez-y, tentez le coup. Personne ne se demandera à voix basse pourquoi vous ne portez pas de blan.) Le blanc pur est superbe sur les teints mats ou hâlés car il crée un charmant contraste.

CHOISIR LA ROBE PARFAITE

En raison des délais de commande et de retouches, il faut commencer le shopping au plus tard neuf mois avant la cérémonie.

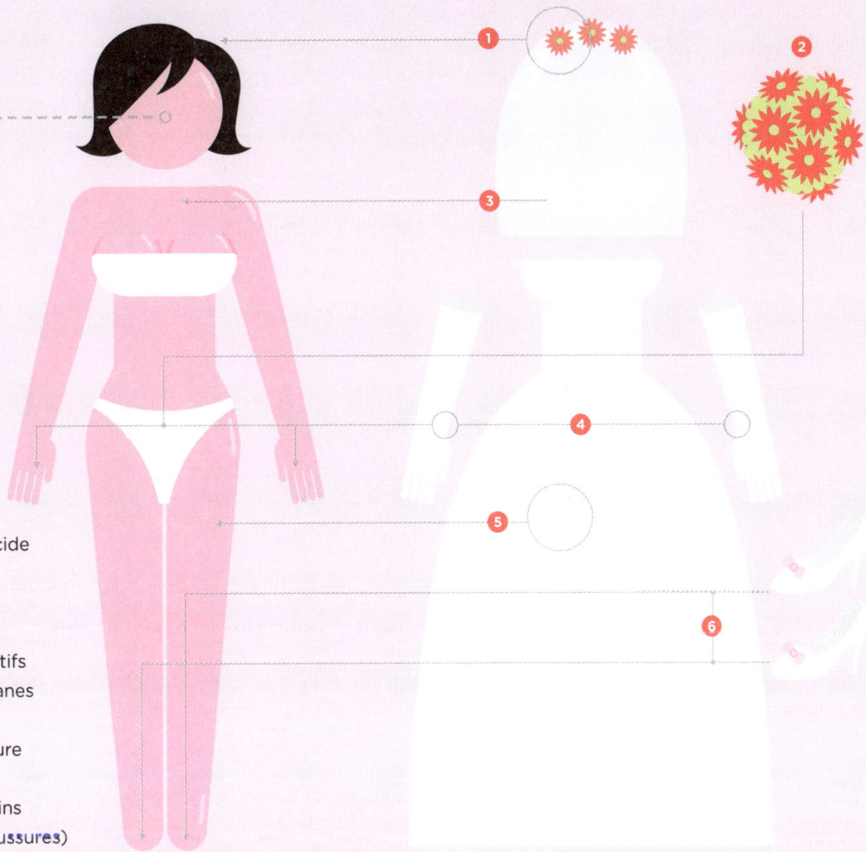

1. Couverture translucide (voile)
2. Attirail botanique (bouquet)
3. Accessoires décoratifs
4. Protection des organes de saisie (gants)
5. Couverture extérieure de créateur (robe)
6. Protection des engins de propulsion (chaussures)

Les accompagnatrices

Emmenez une personne fiable, obligeante et honnête. Les options :

❑ Votre mère ❑ Votre sœur ❑ Une amie

Styles de robe

Pour une silhouette athlétique : la coupe sirène

Pour un buste large : l'encolure en cœur

Pour une silhouette en poire : la ceinture Empire

La conseillère

Une fois le contact établi, faites-lui confiance.

En fonction de la carnation

Teint clair ou pâle : blanc cassé, crème ou ivoire

Teint mat ou hâlé : blanc pur

La morphologie

Le poids et la morphologie sont deux caractéristiques physiques différentes. Le poids change tout au long de la vie, notamment pendant la phase de préparation d'un mariage. Votre morphologie est permanente - la silhouette que votre mère et votre grand-mère vous ont léguée et que des flexions, des pompes ou des kilomètres sur un tapis de course ne modifieront pas.

Par exemple, si vous êtes petite ou menue, il est probable qu'une robe de princesse (ou robe de bal) vous engloutira dans des couches de tulle. Si votre robe est plus lourde que vous, chaque passage aux toilettes gâchera le bon temps de vos témoins qui devront vous accompagner pour la soutenir.

Le glossaire suivant vous aidera à déterminer le style idéal selon votre morphologie.

Les silhouettes

La ligne en A (1). Cette forme classique se porte avec ou sans bretelles ; elle est ajustée à la poitrine et à la taille, puis le tissu s'évase jusqu'au sol dans une forme approximative de A.
Pour quelle morphologie : universellement flatteuse (même en blanc), cette forme est très prisée.

La coupe sirène (2). La robe est ajustée à la poitrine, au buste, aux hanches et aux fesses et s'évase juste au-dessous des genoux.
Pour quelle morphologie : si vous êtes athlétique, avez une charpente fine ou une superbe silhouette que vous souhaitez exhiber, essayez, c'est sexy.

Le style princesse/robe de bal (3). Cette forme est à la base une ligne en A, exagérée. La robe est ajustée à la poitrine et à la taille, puis s'élargit jusqu'au sol (le volume est plus ou moins important selon le tissu choisi et le nombre d'épaisseurs de tissu - tulle, taffetas, organza ou crinoline).
Pour quelle morphologie : excellente ligne pour une morphologie en poire car il accentue une taille courte et masque un bas du corps un peu lourd ; elle est également parfaite si vous avez toujours rêvé d'une robe de conte de fées (ou d'être une princesse). Mais si vous êtes minuscule ou avez une silhouette plus plantureuse, poursuivez votre lecture. Il ne faut pas que vous soyez écrasée par le volume ni qu'il accentue vos formes.

Le style Empire (4). Ici, la taille démarre juste sous la poitrine et le tissu flotte jusqu'au sol. La robe se porte avec ou sans bretelles. Ce style vous donnera une allure charmante de déesse grecque.
Pour quelle morphologie : cette ligne très fluide convient à toutes les morphologies, notamment lorsqu'on veut estomper des rondeurs gênantes après la poitrine. Elle est ravissante sur une petite poitrine, car elle attire l'attention sur le cou et de jolies clavicules. Les femmes à poitrine généreuse se sentiront contraintes et comprimées dans cette coupe.

Le fourreau (5). Cette ligne éblouissante descend de la poitrine aux orteils, sans rupture.
Pour quelle morphologie : si vous êtes mince et longiligne, cette coupe est la vôtre. Cependant, si vous avez la moindre zone à masquer, n'importe où, poursuivez la lecture. Cette forme est plutôt moulante et risque de vous serrer et de vous gêner pour vous asseoir, danser, manger ou respirer aussi confortablement que vous le souhaitez le jour de votre mariage.

Les encolures

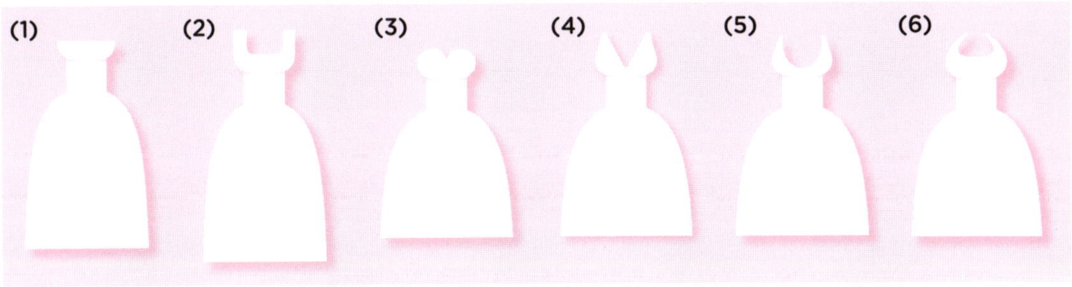

Sans bretelles (1). Dans ce style classique, le haut de la robe traverse la poitrine en arc léger d'une aisselle à l'autre.
Pour quelle morphologie : ce style est flatteur pour la plupart des morphologies, mais surtout pour des bras fermes et musclés – la ligne horizontale attire le regard sur les épaules et le haut des bras.

Le col carré (2). Dans cette coupe, l'encolure coupe la poitrine en ligne droite jusqu'aux bretelles (généralement plutôt larges) et forme un angle à 90°. L'encolure carrée fonctionne aussi sur les robes sans manches ou à longues manches fluides.
Pour quelle morphologie : il convient à tous les types de morphologie.

Le décolleté en cœur (3). Pour imaginer ce style, le plus simple est de visualiser le haut d'un cœur. Au lieu de traverser la poitrine en ligne droite, l'encolure forme deux demi-cercles au-dessus du corsage.
Pour quelle morphologie : cette ligne est très flatteuse sur les femmes à poitrine plantureuse qui veulent se sentir soutenues et ne souhaitent pas attirer l'attention dessus.

Le col en V (4). Cela vous évoque le col de votre vieux T-shirt préféré. Les robes de princesse ont souvent un col en V, la ligne de la robe plongeant jusqu'au milieu de la poitrine à partir des épaules.
Pour quelle morphologie : il convient à la plupart des morphologies. Si vous avez une poitrine généreuse, choisissez un V plus fermé pour éviter de déconcentrer l'officiant. Si vous avez une petite poitrine, approfondissez le V.

L'encolure dégagée (5). Cette encolure dessine une courbe douce, un peu en forme de U, descendant plus ou moins bas, comme le V.
Pour quelle morphologie : la plupart des femmes peuvent porter ce type de décolleté, quelle que soit leur morphologie.

Le dos nu (6). C'est une forme que vous avez déjà sans doute dans vos placards – dans votre pile de chemises et débardeurs habillés. Le dos nu s'accompagne au choix d'une encolure dégagée ou en V ; les bretelles remontent vers les épaules et entourent la nuque.
Pour quelle morphologie : pour celles qui aiment leur cou et leurs épaules (sans parler de leurs bras) car c'est ce que tout le monde regardera.

Les manches

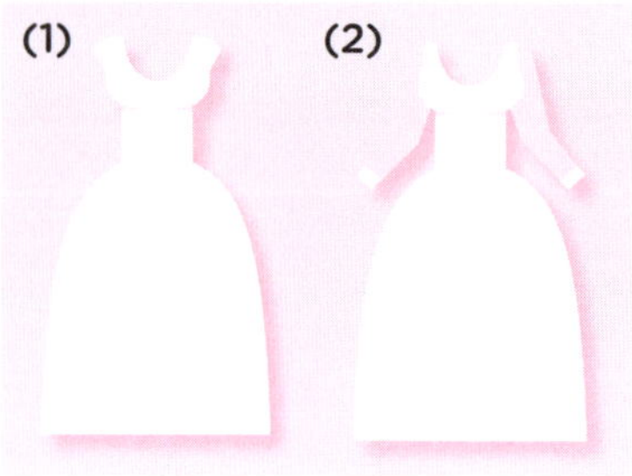

Les mancherons (1). Petites manches très courtes qui moulent la rondeur de l'épaule. Elles confèrent une allure romantique à la robe. Très fines par rapport au reste de la robe, elles sont souvent en dentelle.
Pour quelle morphologie : ne tentez ce style que si vous avez des bras musclés ou minces.

Les manches transparentes (2). Ces manches longues en tissu transparent descendent jusqu'au poignet. C'est l'emplacement idéal pour des décorations de perles ou de gouttes de cristal.
Pour quelle morphologie : pour les jeunes femmes qui souhaitent couvrir légèrement leurs bras tout en les montrant.

Traînes et voiles

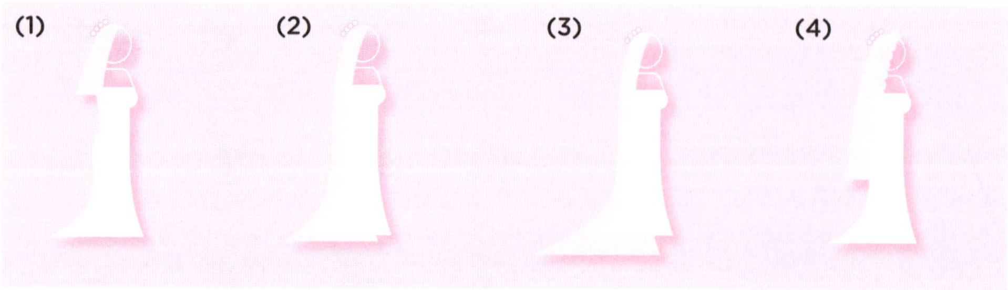

Blusher (1). Ce voile arrive juste en dessous du menton ou en haut de la poitrine et peut être associé à un voile plus long pour un effet plus spectaculaire.
Pour quelle morphologie : le voile parfait si vous souhaitez masquer votre visage pendant la procession et le relever au cours de la cérémonie.

Chapelle (2). Ce voile flotte derrière votre robe et couvre la traîne.
Pour quelle morphologie : il est parfait pour un mariage classique.

Cathédrale (3). Ce voile s'étend au-delà de la traîne pour un style encore plus traditionnel.
Pour quelle morphologie : si vous souhaitez faire une entrée extrêmement théâtrale, c'est le voile qu'il vous faut, à condition d'avoir choisi la robe qui va avec.

Mantille (4). Ce voile d'influence hispanique encadre la tête sans masquer le visage et il est généralement bordé de broderies.
Pour quelle morphologie : une mantille apporte une touche charmante et originale à tous les styles de robe. Elle est également très polyvalente car il en existe de toutes les longueurs.

Les autres accessoires de la mariée

Dans la frénésie du choix de la robe, n'oubliez pas tout ce qui l'accompagne ; vous ne porterez pas qu'elle ce jour-là. Dès que vous aurez choisi votre robe, prévoyez la lingerie et les chaussures assorties. Afin que la couturière puisse faire correctement les retouches chaque fois que vous arrivez à l'essayage avec deux kilos de moins, vous devrez porter exactement les mêmes dessous et les mêmes chaussures qu'au mariage. Ce que vous portez sous votre robe est directement fonction de la forme et de la coupe de celle-ci, notamment de l'encolure. Et dans tous les cas, vous trouverez la solution idéale pour vous mettre en valeur.

- Un bustier blanc ou chair est généralement un sans-faute garanti, mais discutez avec les spécialistes de votre boutique de lingerie. Elles vous aideront à trouver le soutien-gorge correspondant précisément à vos besoins.
- Apportez votre bustier ou soutien-gorge chez votre couturière afin de ne pas avoir de surprise le jour du mariage, comme de découvrir qu'il ne reste plus un millimètre de libre pour loger une épaisseur de satin soyeux.

Le choix des chaussures est entièrement votre affaire. Vous aimez les escarpins à bride arrière ? les sandales à lanières ? les hauts talons vertigineux ? les talons bobine ? Faites-vous plaisir. Et, si possible, emportez un échantillon du tissu de la robe dans les magasins de chaussures ou achetez vos chaussures dans la même boutique que la robe pour être sûre qu'elles soient parfaitement coordonnées.

Parole d'expert

Une fois que vous aurez choisi votre robe, travaillez en coordination avec la conseillère et avec le coiffeur du grand jour. La première veillera à ce que votre coiffure aille avec votre robe et l'autre vérifiera que ce que vous portez sur la tête est en harmonie avec votre coiffure.

N'oubliez pas les alliances !

Votre bague de fiançailles vous met peut-être encore dans tous vos états. Elle brille, elle est jolie - peut-être énorme - et elle vous rappelle chaque fois que vous la regardez qu'un homme vous a demandé de passer le reste de votre vie avec lui. Maintenant calmez-vous, avancez et n'oubliez pas les alliances. Elles sont le symbole que vous allez porter tous les deux pendant toute votre vie : le cercle, l'union, la promesse d'éternité.
Quoi que vous ayez prévu (ou pas prévu) en la matière, accordez-vous trois mois avant le mariage, au moins, pour les trouver. Ainsi, si vous voulez les faire réaliser sur mesure, vous ne serez pas prise au dépourvu. L'éternité est assez longue après tout. Vous n'avez pas envie de bâcler l'opération et de regretter ensuite d'avoir manqué de temps pour faire graver ce ravissant filigrane.
Commencez par regarder les alliances chez le bijoutier qui vous a fourni la bague de fiançailles. Sinon, rendez-vous chez un bijoutier que vous connaissez et appréciez - et de préférence que votre famille fréquente depuis de longues années - et qui sera disposé à bien vous traiter. Dernière option : choisissez simplement un magasin qui propose des bijoux de créateur ou qui a une bonne réputation dans votre région. Pendant vos séances de repérage, voici les éléments à prendre en compte :

Le métal. Vous savez probablement si vous voulez du métal blanc ou jaune. Pesez avec le bijoutier les avantages et les inconvénients de l'or. C'est un métal très mou et, selon la forme et les activités que vous pratiquez quotidiennement, votre alliance risque de se déformer. Si vous choisissez le platine - de plus en plus populaire et parmi les plus durables -, préparez-vous à en payer le prix et peut-être à devoir sacrifier un peu de clinquant pour y arriver.

Le style. Peut-être apprécierez-vous une alliance assortie à votre bague de fiançailles. Peut-être souhaitez-vous une alliance robuste, toute simple. Ou peut-être avez-vous des photos de magazine ou une bague de votre grand-mère - des motifs très spécifiques que vous voulez trouver ou reproduire coûte que coûte. Faites le tour de la boutique et discutez avec votre bijoutier. Normalement, n'importe quel motif peut être réalisé ; il faut simplement savoir dans quel délai et à quel prix.

Les pierres. Encore une décision qui, évidemment, n'appartient qu'à vous (et à votre porte-monnaie). Il existe des millions d'options, du tout petit diamant serti dans l'anneau au sertissage en pavé ou à l'éternel anneau de diamants. Faites des essais pour vérifier que l'alliance ne concurrence ni ne dévalorise la bague de fiançailles.
Quant à l'alliance du marié, attendez-vous à ce qu'il grimace un peu. Il n'a peut-être jamais porté de bijoux et, même s'il est impatient de vous épouser, il n'a pas encore parfaitement intégré l'idée de porter une bague au doigt le restant de sa vie. Ne vous vexez pas. Étudiez toutes les options, comme vous l'avez fait pour vous, et cherchez un style et une forme sobres avec lesquels il se sente à l'aise et qui flattent sa belle main masculine.

Une fois les alliances achetées, demandez au bijoutier comment les entretenir. C'est le bijou le plus important que vous porterez et vous allez prendre toutes les précautions pour ne jamais le perdre (trouver la dimension parfaite) ou l'abîmer (apprendre à repérer une pierre qui bouge et à quel rythme polir cet anneau d'or rayé).

LE CHOIX DES ALLIANCES

Consultez votre bijoutier mais suivez votre cœur pour trouver ce qui vous va le mieux.

Les éléments à ne pas oublier pendant la recherche

1. Le métal : lequel convient le mieux à votre budget et s'harmonise avec votre bague de fiançailles ?
2. Le style : contemporain ou vintage ? Si vous avez le temps et les moyens, créez votre modèle personnel.
3. Les pierres : votre budget vous indiquera si vous pouvez vous engager dans cette voie. Mais n'achetez pas une alliance plus étincelante que votre bague de fiançailles.

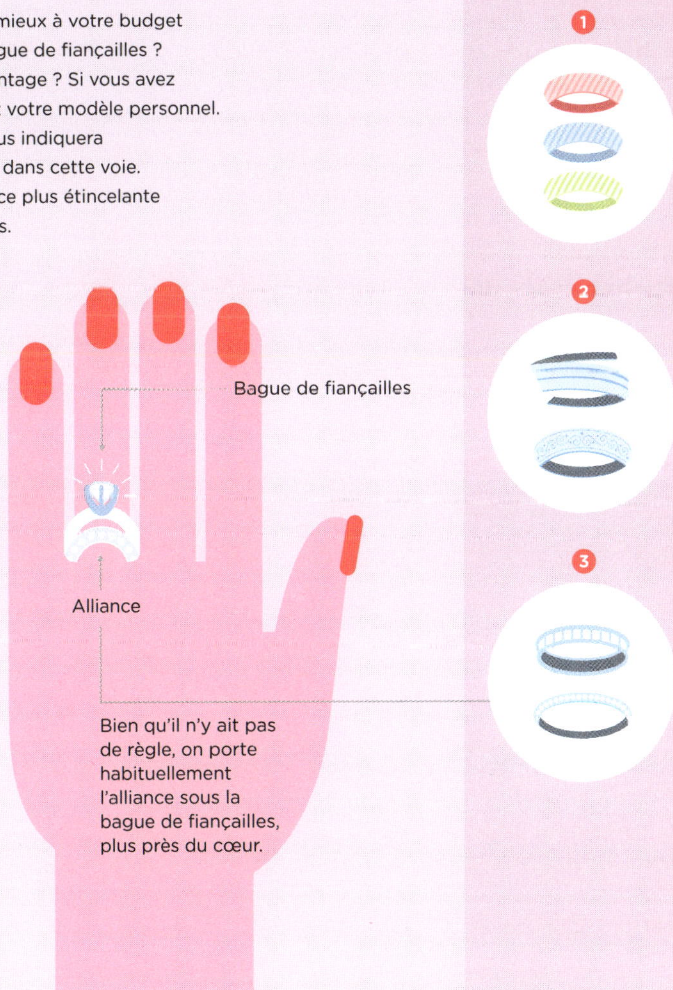

Attention

L'achat de l'alliance du marié risque de demander plus de temps que prévu. Soyez patiente et accompagnez-le dans ses choix.

LE FLEURISTE
LE PHOTOGRAPHE
LE VIDÉASTE
LE WEDDING PLANNER

CHAPITRE 5

Les rouages indispensables

Il est temps maintenant de se consacrer à ceux qui vont vraiment gérer de multiples détails le jour du mariage : le wedding planner, le photographe, le vidéaste et le fleuriste. Ces professionnels sont d'une importance capitale - aussi essentiels que les mariés (presque !) - car chaque fournisseur est responsable d'une partie de la journée dans son intégralité. Et vous et votre fiancé avez sans nul doute une idée précise de ce que vous attendez d'eux ; c'est le moment d'affûter vos capacités de prise de décision et d'évaluer ce qui compte le plus pour vous (excellent entraînement pour votre vie de couple à venir).

L'objectif est de confier tous les détails à chaque prestataire de façon à vous concentrer uniquement sur votre plaisir. Ne vous y trompez pas : ce ne sont pas des rôles que vous pouvez distribuer en vous contentant d'ouvrir les Pages Jaunes, de fermer les yeux et de pointer l'index sur un nom.

1. Faites une petite enquête avant de téléphoner partout. Cherchez des sites sur le Web et achetez des magazines régionaux qui présentent des réalisations de prestataires locaux.

2. Prenez des notes au fur et à mesure, griffonnez les idées qui vous séduisent et les coordonnées des prestataires qui vous conviennent.

3. Restreignez votre liste de candidats, puis téléphonez à chacun et arrangez un rendez-vous de préférence sur leur lieu d'activité.

4. Au cours de l'entretien, indiquez au fournisseur l'ampleur et l'ambiance du mariage, afin de ne pas obtenir seulement une estimation financière de leurs services de base, mais de savoir aussi si vous sympathisez avec eux. Et, pour votre information, vous *devez* sympathiser. Si vous les trouvez bêcheurs ou s'ils pensent que vous êtes une enquiquineuse, la relation ne sera ni agréable ni reposante. Si vous estimez que vous n'êtes pas sur la même longueur d'onde, poursuivez vos recherches. En revanche, si vous avez tout de suite un bon contact avec un prestataire et si, au cours de négociations amicales, vous sentez la possibilité de concessions mutuelles, gardez-le en tête de liste. Les atomes crochus sont aussi importants que l'art de composer un bouquet ou un menu.

5. Après avoir fixé vos choix, vous allez établir un contrat écrit avec chaque fournisseur. Lisez-le attentivement. Posez des questions. Si nécessaire, demandez des modifications et des ajouts. Rappelez-vous que les lignes en petits caractères recèlent parfois des surprises : des suppléments de coût et des scénarios soumis à condition que vous devez évaluer avant de signer et de poursuivre la coopération.

Le wedding planner

Le wedding planner peut entrer en scène dès le début du processus d'organisation jusqu'à la minute où vous embarquerez pour votre lune de miel. Ou bien il peut être présent uniquement le jour du mariage pour vérifier que tout se passe sans anicroche - et que vous en êtes miraculeusement inconsciente si ce n'est pas le cas.

Organiser avec l'aide de professionnels ou sans ?

C'est la première question que vous devez vous poser ; quant à savoir si votre budget peut supporter un tel service, la réponse est assez vite donnée. Il s'agit d'une décision financière et personnelle que vous prendrez après en avoir discuté avec votre futur mari et vos aimables financiers.
Si votre budget vous le permet, voici quelques-uns des services essentiels que vous rendra votre wedding planner :

• une assistance de haut niveau concernant le choix des fournisseurs, les négociations et la réservation ;

• une cohérence de style, de l'envoi du premier carton d'invitation jusqu'au dernier souvenir offert à la fin de votre soirée de noce ;

• la gestion des coups de téléphone de votre part et l'organisation des rendez-vous ;

• et le plus important, le soulagement de savoir que, le jour de votre mariage, quelqu'un coordonnera tout et tout le monde, sera responsable et réglera les problèmes avant que vous ne leviez le petit doigt ou que vous ayez demandé à quelqu'un de le faire.

Si ce dernier point vous séduit tout particulièrement et que vous pouvez vous offrir une seule journée de wedding planner, n'hésitez pas. Vous ne le regretterez probablement pas. Mais si votre budget ne vous le permet pas, ou si simplement vous vous sentez de taille à tout faire par vous-même et avec quelques amis de confiance, c'est parfait aussi. Vous devrez veiller de près, quand la date approchera, à ce que chaque prestataire soit au sommet de son art et informé de ce que font les autres et à quel moment du grand jour.

Choisir un wedding planner

Si vous optez pour le wedding planner, veillez à en choisir un qui vous procure précisément les services dont vous avez besoin. Confirmez par exemple qu'il se limitera à la coordination et à la supervision du grand jour, si vous ne pouvez ou ne voulez rien de plus.
Lors d'une rencontre avec le wedding planner, posez-lui les questions suivantes :

• Avez-vous déjà travaillé à [nom du lieu de réception] ?

• Combien facturez-vous vos services ? Proposez-vous des forfaits ?

• Pourrais-je m'entretenir avec une femme dont vous avez organisé le mariage ?

• Préférez-vous travailler toujours avec le même fleuriste, pâtissier, etc., ou vous appuyez-vous sur un réseau de fournisseurs locaux ?

• À combien de reprises nous verrons-nous tout au long de la préparation ? Est-ce un travail d'équipe ou est-ce que je me contente de vous dire ce que je veux et vous prenez les choses en main ?

Vous travaillerez avec votre wedding planner plus qu'avec tout autre fournisseur, vous devez donc être sûre de lui quand vous signez. Parlez-en au directeur de votre lieu de réception et, le cas échéant, vérifiez qu'il a un bon souvenir de sa prestation chez lui. Veillez à interroger les femmes qui ont fait appel à ses services. Vous serez rassurée de leur demander tout ce que vous voulez savoir sur ses méthodes de travail (par exemple, les réponses aux courriels sont un point faible, mais il

Aide-mémoire « wedding planner »

Cette fiche vous aidera à choisir votre wedding planner. Quand vous aurez fait votre choix, gardez ses coordonnées à portée de main en permanence.

WEDDING PLANNER

M. ( ) Mme ( ) Mlle ( )

Entretien : DATE __ / __ / __ HEURE __ : __ ( ) Matin ( ) Après-midi

Adresse (numéro et rue) | Ville

Département | Pays | Code postal

TÉL. ___ – ___ – ____ ( ) Domicile ( ) Bureau ( ) Portable ( ) Fax

Site Web | Familier du lieu de réception ( ) OUI ( ) NON

Le forfait comprend | Prix € _____

Bon / mauvais contact

Missions essentielles

1. Analyser les besoins
2. Intégrer les fournisseurs
3. Gérer les désastres
4. Évaluer le coût

répond toujours aux appels sur son téléphone portable. Lui est-il arrivé de vous laisser tomber ou vous a-t-il donné de mauvais conseils ?). Une appréciation de première main est une aide précieuse. Notez les informations utiles sur la fiche des pages suivantes (au besoin, faites des photocopies des fiches supplémentaires de l'appendice, p. 138-139).

Le photographe

Votre photographe est le responsable de toutes les exclamations que vous pousserez en regardant vos photos de mariage dans les années à venir, c'est-à-dire l'éternité. Vos arrière-arrière-arrière-petits-enfants, que vous ne connaîtrez jamais, regarderont ses œuvres en s'extasiant sur la belle journée que vous avez passée. Lors du choix de ce prestataire essentiel, il est particulièrement judicieux de parler avec quelqu'un qui a fait appel à ses services pour son propre mariage. Mais attendez pour cela d'avoir établi une liste restreinte. Pour trouver des adresses, interrogez des amis qui ont bien aimé leur photographe de mariage (ou des amis dont vous avez aimé les photos de mariage), des directeurs de lieux de réception qui ont vu travailler de nombreux photographes, et feuilletez les magazines spécialisés qui emploient des photographes locaux.
Consultez attentivement les sites Web des photographes professionnels et les magazines de mariage, et étudiez les photos.

- Aimez-vous le style ?
- Ont-ils saisi le genre de moments que vous souhaitez immortaliser ?
- Travaillent-ils toujours en couleur ? Y a-t-il des photos en noir et blanc ou en sépia ?
- Est-ce que tous leurs mariages sont identiques, à l'exception des personnes ?
- Y a-t-il des milliards de portraits traditionnels alors que vous n'êtes guère disposée à prendre la pose le jour de votre mariage ?

Il vous sera plus facile que vous ne l'imaginez de trouver un photographe dont le travail vous touche. Vous pouvez même vous surprendre à verser une larme sur les photos d'un mariage où vous ne connaissez absolument personne. Cette réaction peut vous sembler étrange, mais imaginez ce qu'il se passera avec les photos de votre mariage.

Choisir un style : classique ou reportage ?

La majorité des photographes vous affirmeront que leur style est unique, un mélange de ceci et de cela, mais le travail de tous les photographes se répartit essentiellement en deux catégories.

Classique

En deux mots, un photographe de mariage classique va prendre tout son temps pour vous faire poser, prendre des portraits, arranger votre robe pour que tous les plis tombent bien et vous éclairer artistiquement.

Avantages. Dans ce style, vous êtes sûre d'avoir toutes les photos que vous souhaitez - Untel avec Unetelle, un portrait traditionnel de votre couple que vous pourrez glisser dans un joli cadre et poser sur la cheminée. Vous pouvez même fournir au photographe une liste d'objectifs à photographier.

Inconvénients. Le cours du mariage risque d'être modifié par les besoins du photographe pour une photo donnée. Souhaitez-vous que le photographe ait une telle influence sur le déroulement de la fête ?

Reportage

De nos jours, nombre de photographes proposent des services de reportage - et ils vous diront probablement d'emblée qu'ils sont très estimés dans le domaine du photojournalisme, car ce style est devenu tendance. Un photographe de reportage est un fou de l'instantané : il va réaliser une série de photos spontanées, fraîches et prises sur le vif. Si vous souhaitez un ou deux portraits classiques ou une photo de vos arrière-grands-parents en train de danser, vous les aurez. Mais le premier objectif d'un photographe de reportage est de retracer la journée sans préméditation : votre maman séchant ses larmes avec un mouchoir quand vous entrez dans la salle et vos témoins qui vous regardent, le souffle coupé ; le regard de votre mari tout neuf qui vous contemple de l'autre côté de la salle ; les réactions des invités quand le témoin porte un toast et raconte une histoire atrocement embarrassante.

Avantages. Ce sont ces moments de spontanéité qui vous reviendront quand vous feuilletterez votre album par la suite.

Inconvénients. En essayant de saisir tous les moments marquants, votre photographe risque de manquer d'immortaliser des êtres chers plus enclins à se tenir à l'écart de l'action (les parents âgés ou votre meilleure amie d'enfance qui fait tapisserie).

Questions à poser au photographe

Le choix du photographe commence par un entretien. Quand vous aurez restreint votre liste à deux noms, organisez un rendez-vous pour rencontrer l'un et l'autre en personne, soit dans leur studio, soit dans un lieu où ils vous montreront tout leur dossier. Vous pouvez communiquer par téléphone, évidemment, mais vous sentirez mieux si vous êtes en phase au cours d'un face-à-face. Notez les informations utiles sur la fiche des pages 55-56 et sur celle des pages 140-141. En passant en revue les photos réalisées pour des mariages, veillez à poser ces questions fondamentales :

- Avez-vous déjà travaillé à [nom du lieu de réception] ?
- Travaillez-vous exclusivement en numérique ou utilisez-vous également des pellicules ? Travaillez-vous à la fois en couleurs et en noir et blanc ?
- Mélangez-vous le posé et le spontané ?
- Diriez-vous que vous faites plutôt de la photo classique ou du reportage ?
- Travaillez-vous à partir d'une liste d'objectifs prédéfinis ?

LES PHOTOGRAPHIES PARFAITES

Discutez à l'avance avec le photographe du type d'images que vous voulez qu'il réalise.

(Fig. A)

Photographie classique

(Fig. B)

Reportage

• Combien de clichés prendrez-vous à peu près ?

• Dans quel délai recevrai-je mes photos ? Pourrai-je en mettre en ligne ?

• Imprimez-vous vous-même ou sous-traitez-vous ?

• Comment gérez-vous l'éclairage dans les lieux sombres où l'utilisation d'un flash est impossible (au cours de la cérémonie religieuse par exemple) ?

• Me remettrez-vous les pellicules ou un CD contenant toutes les photos ?

• Créez-vous les albums de photos ou sous-traitez-vous ? Sont-ils compris dans votre forfait ? Et les albums pour les parents ?

• Quel acompte dois-je verser ?

• Les frais de déplacement et de nourriture sont-ils inclus dans le forfait ?

Avant de signer un contrat avec le photographe, assurez-vous que vous êtes d'accord sur les points suivants et qu'ils figurent dans le contrat :

• Vérifiez qu'il est mentionné par écrit que vous bénéficierez des services du photographe nommément choisi pour couvrir votre mariage. S'il est le propriétaire du studio, veillez à ce que le contrat désigne le propriétaire par son nom.

• Vérifiez que le contrat précise les dispositions prévues en cas d'indisponibilité de dernier moment du photographe. Vous avez intérêt à vous mettre d'accord sur un photographe de remplacement qui vous convient à tous les deux et à ce que son nom figure dans le contrat.

• Si vous souhaitez un autre photographe (ou deux), en complément du photographe principal, veillez à ce que ce soit stipulé dans le contrat, ainsi que le surcoût sur lequel vous vous êtes mis d'accord. Ces photographes supplémentaires sont la garantie que le mariage sera couvert sous tous les angles, et c'est une option qui séduit souvent les femmes dont le budget le permet.

• Vérifiez que vous avez pleinement compris ce que les honoraires du photographe recouvrent comme services – tirages, impressions, albums, etc. Ne vous figurez pas qu'un forfait « tout compris » comprend absolument tout, du jour de votre mariage jusqu'à ce que vous ayez votre album terminé entre les mains. Vous risquez de découvrir que le tarif n'inclut que le service et les tirages, et que tout type d'album est en supplément.

• Vérifiez que vous êtes d'accord sur la possession et la propriété des tirages. La plupart des photographes vous fourniront un choix d'un millier de tirages pour créer vos albums, mais si vous réservez les droits de la totalité des photos, vous pourrez reproduire celles-ci autant que vous voudrez. Vous apprécierez aussi les « chutes » qui ne méritent pas de figurer dans un album mais qui sont néanmoins de charmants souvenirs.

Parole d'expert

Ne vous inquiétez pas : la majorité des professionnels ont leur propre contrat-type qui précise nombre de ces points – y compris les pauses dont jouit le photographe et si vous lui fournissez le vivre au cours de la journée. Vous n'aurez pas à concevoir un document en partant de rien.

Aide-mémoire « photographe »

Cette fiche vous aidera à choisir votre photographe. Quand vous aurez fait votre choix, gardez ses coordonnées à portée de main en permanence.

PHOTOGRAPHE

M. ○ Mme ○ | Entretien: DATE __ / __ / __

Adresse (numéro et rue) | Ville

Département | Pays | Code postal

TÉL. ___-___-____ ○ Domicile ○ Bureau ○ Portable ○ Fax

Site Web | Courriel

Heures | Nombre de photos | Prix €

SECOND PHOTOGRAPHE

M. ○ Mme ○

TÉL. ___-___-____ ○ Domicile ○ Bureau ○ Portable ○ Fax

Site Web | Prix €

Missions essentielles

1. Faire un repérage à l'avance pour trouver les cadrages parfaits
2. Photographier en détail les festivités et les meilleurs moments
3. Créer un album de photos souvenir

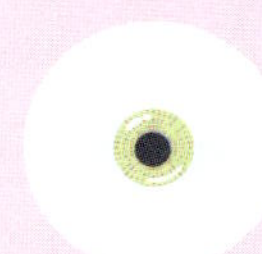

Le vidéaste

À vrai dire, il est probable que le photographe et ses assistants ne soient pas les seuls à immortaliser les images de votre mariage. À moins que la vidéo amateur hachée de votre cousin vous suffise comme témoignage audiovisuel du plus grand jour de votre vie, vous apprécierez peut-être les services d'un professionnel. Commencez par chercher des informations auprès de vos amis qui ont fait appel à un vidéaste et intéressez-vous particulièrement à ceux que votre photographe vous recommande. Et, surtout, définissez à l'avance le genre de vidéo que vous souhaitez :

• **Documentaire ?** Vous aurez une vidéo qui couvre toute la journée, du début à la fin.

• **Interactive ?** Vous obtiendrez une série de « dites coucou aux mariés » qui vous hérisseront ou vous feront fondre en larmes.

• **Multimédia ?** Le vidéaste rassemblera des photos, des morceaux de musique et des séquences filmées de votre mariage pour créer un montage de votre vie et de celle de votre époux avant et pendant le grand jour.

Faites le tour des prestataires locaux pour trouver celui qui convient à votre style et à votre budget : cherchez des exemples de leurs travaux, interrogez-les ainsi que ceux qui ont fait appel à leurs services et signez un contrat qui précise les détails de leur prestation.

Le fleuriste

Le fleuriste crée le bouquet qui vous tirera des larmes pendant des années alors qu'il sera accroché à un mur, séché et encadré. Mais votre fleuriste est également le responsable du décor somptueux qui fera l'admiration de vos invités quand ils entreront dans la salle. Il vous aidera à choisir les fleurs qui planteront le décor, donneront le ton de la réception et retiendront l'attention de vos invités : c'est ce qu'ils verront en premier et ce dont ils se souviendront.
Un détail : c'est l'une des tâches les plus féminines de toute l'opération. Conseillez donc à votre chéri de ne pas bouger pendant que vous débattez des avantages et des inconvénients des pervenches ou des hortensias violets.

Choisir un fleuriste

Impossible de faire autrement : pour choisir un fleuriste, vous devez regarder des centaines de photos. Les bons fleuristes savent s'adapter à chaque mariée et à chaque mariage (lieu, style, saison...), par conséquent une ou deux photos ne peuvent suffire à vous faire une idée précise de leurs compétences.
En examinant leurs dossiers de photos, gardez à l'esprit les critères que vous jugez essentiels :

1. Si, de mariage en mariage, il vous semble voir beaucoup de verdure dans les bouquets ou des décorations centrales deux fois plus hautes que votre invité le plus grand et que vous n'aimez ni l'un ni l'autre, vous ne vous entendrez sans doute pas.

2. Si vous remarquez des détails qui vous interpellent - les bouquets sont toujours noués avec un ravissant ruban en satin, les compositions sont incroyablement luxueuses et en parfaite harmonie avec le décor -, prenez votre téléphone et discutez.

3. Décrivez le lieu, l'ampleur de la réception et la saison à laquelle elle se déroulera pour estimer si vos interlocuteurs ont le niveau de compétence nécessaire pour votre fête.

4. Avant toute autre chose, préparez-vous : l'addition du fleuriste peut être un choc financier pour ceux qui n'ont pas soigneusement étudié leur budget. Vous pouvez demander une estimation au début, mais si vous accumulez les fleurs rares et chères et si vous voulez des fleurs absolument partout tout au long de la journée, l'addition va rapidement gonfler.

LE CHOIX DU FLEURISTE

Discutez des différents styles de composition.

Avant de signer un contrat avec un fleuriste, clarifiez quelques points essentiels :

• Vérifiez qu'il est précisé que le responsable du magasin fera lui-même la mise en place le matin du mariage. Demandez qu'on vous expose le plan B en cas d'indisponibilité pour une raison quelconque et vérifiez que le plan B est également détaillé dans le contrat.

• N'ayez pas peur de demander que la description de chaque composition importante figure dans le contrat (y compris les noms des fleurs utilisées). Ainsi, si vous vous attendez à un bouquet de callas blanc pur et que votre fleuriste décide au dernier moment que des orchidées vertes et des baies de millepertuis rouges seraient beaucoup plus jolies, vous pouvez brandir votre contrat et lui montrer ce qui était prévu et pour quel prix. Tout doit toujours être consigné par écrit.

• Vérifiez que votre contrat précise un second choix au cas où, à la dernière minute, une variété de fleurs ne serait pas disponible (les fleuristes savent généralement quelles fleurs risquent de poser un problème).

• Demandez à votre fleuriste de travailler en coordination avec les prestataires dont les services doivent être synchronisés avec la mise en place des décorations florales : le fleuriste doit-il disposer des fleurs fraîches entre les étages du gâteau de mariage pour être en harmonie avec la décoration générale ? Vérifiez que le fleuriste et le pâtissier sont en bons termes (ou qu'ils aient au moins chacun le numéro de téléphone de l'autre) et qu'ils savent à quel moment ils doivent intervenir. Votre réception se déroule-t-elle en soirée dans une grande salle où un autre mariage est fêté l'après-midi même ? Assurez-vous que le fleuriste et votre contact sur les lieux savent à la seconde près quand le fleuriste peut commencer à travailler. Rien ne peut gâcher un mariage comme un manque de coordination ; vérifiez donc que tout le monde sera bien d'accord quand arrivera le grand matin.

Le choix de la palette de couleurs et des fleurs

Vous rappelez-vous que les futures mariées que vous avez côtoyées ne cessaient de parler de leurs « couleurs » ou que, depuis que vous êtes fiancée, tout le monde vous a demandé quelles seraient les vôtres ? La réponse subtile se trouve essentiellement dans les fleurs que vous choisissez comme décor nuptial et qui détermineront les couleurs des robes des demoiselles d'honneur.
Vous saurez peut-être quelles couleurs de fleurs vous voulez (et par conséquent les couleurs du linge de table et autres éléments du décor) à l'instant même où vous saurez avec certitude quand votre mariage aura lieu. Mais si vous ne le savez pas, commencez par parler avec votre fleuriste de la saison de votre mariage ; c'est un bon point de départ.

• L'automne se prête aux belles teintes éclatantes lie-de-vin, orange foncé, jaune d'or, vert et brun chocolat.

• L'hiver est une saison idéale pour les couleurs riches et profondes comme le rouge, ou bien vous pouvez opter pour un pays des merveilles tout blanc.

• Le printemps appelle le mélange de couleurs vives et de tons pastel, ou bien une palette froide blanc pur.

• L'été invite également aux couleurs vives ou aux tons doux - évocateurs de vacances et de plage - alliant les bleu clair, crème et jaunes.

Votre fleuriste vous dirigera vers les couleurs et les fleurs de saison (tenez compte de la disponibilité des fleurs) puis vous aidera à affiner vos choix sur les couleurs qui resteront bien après que les bouquets auront fané.
Malheureusement, fleurir un mariage n'est pas une opération mathématique.

Et même si vous avez une vision précise des fleurs que vous avez toujours imaginées dans votre décor de mariage, le contexte spécifique de ce jour-là dans la vraie vie pourrait exiger quelques ajustements.

Selon la saison

Il est facile de se procurer certaines fleurs toute l'année, d'autres non. Si votre budget est serré, vous vous épargnerez une bonne dose de stress en évitant les fleurs importées d'un pays lointain. Si vous voulez à tout prix une fleur précise difficile à trouver le mois de votre mariage et si les dépenses ne sont pas un frein, vous l'obtiendrez en payant un supplément - notez cependant que, dans certains cas, le prix des fleurs peut tripler quand elles ne sont pas de saison. Outre ce détail, les fleurs nées sous un autre climat risquent de faner avant la fin de la fête et vous ne voulez sûrement pas que les fleurs soient épuisées avant vous.

Selon le lieu de réception

Même s'il n'y a pas de règle stricte concernant le choix des fleurs pour la réception, il est bon de se rappeler quelques principes.

- Si vous donnez une grande soirée élégante dans un salon somptueux, les gerberas et les tournesols sembleront peut-être un peu déplacés.
- De même, si votre réception est un superbe pique-nique dans le jardin de vos parents, des compositions élaborées d'orchidées et de roses rouges auront une allure trop sophistiquée.
- Des fleurs comme les roses, les callas et autres fleurs graphiques sont du plus heureux effet dans les réceptions nocturnes, qui sont souvent plus protocolaires, alors que les pivoines, les hortensias et les dahlias sont parfaits dans la journée.

Assortissez les compositions florales à votre réception

Gerberas et tournesols = Fête décontractée

Orchidées et roses = Réception solennelle

Fleurs structurées comme les arums = Grande soirée

Selon votre budget

Certaines fleurs sont chères, *vraiment* chères. Si vous avez déjà une idée de ce que vous voulez, informez-en votre fleuriste avant de signer le moindre chèque. Si vous voulez des fleurs chères et si vous les voulez *partout*, votre robe ne sera peut-être plus confectionnée sur mesure en Italie, ce sera peut-être le charmant modèle que vous avez remarqué dans la boutique voisine. Si vous vous refusez à ce genre de sacrifice, envisagez d'autres solutions avec votre fleuriste. Beaucoup de fleurs se ressemblent - hormis leur prix. Un bon fleuriste vous aidera à trouver des équivalents ou il créera des compositions utilisant votre fleur préférée hors de prix en petite quantité.

Définir votre style

Les photos des mariages d'autrefois révèlent au centre de chaque table des compositions énormes, en colonne, en cascade ou Dieu sait quoi. Elles étaient conçues de façon à être spectaculaires tout en permettant cependant aux convives de se voir à travers la table, de converser librement et de porter de nombreux toasts (et il y a vraiment une hauteur qui bloque ce genre de dynamique). Si vous aimez ce look traditionnel, voyez avec le fleuriste comment le moderniser légèrement, par exemple en immergeant des fleurs pour combler les espaces entre les tiges. Si ces centres de table disproportionnés ne sont pas exactement votre style, il existe des alternatives pour créer une atmosphère amicale et accueillante. Les compositions basses à thème monochrome ou les soliflores sont d'une élégance épurée.
Une fois que vous avez décidé de placer du jasmin de Madagascar ici et des orchidées là, votre fleuriste peut encore vous proposer l'ajout de touches non florales dans les compositions, comme dans votre propre bouquet.

En dehors de la verdure. Si vous souhaitez sortir des sentiers battus, proposez à votre fleuriste d'introduire dans vos compositions des éléments que l'on voit rarement dans les créations traditionnelles. Vous serez surprise par son potentiel de créativité. Les plumes (celles du paon sont particulièrement décoratives), les rameaux (le saule est très élégant), les baies, les rubans, la mousse, les éclairages submersibles et les galets lisses sont des accessoires qui méritent d'être envisagés si vous n'êtes pas follement passionnée par les vases en verre transparent. Les fruits et légumes tels que les artichauts, les prunes, les pommes vertes et les choux frisés se marient merveilleusement aux fleurs et permettent également de limiter les coûts.

Les objets de famille. Les fleuristes enveloppent souvent les bouquets de mariée dans un ravissant bandeau de satin (conservez une chute de tissu de votre robe ou d'une des robes de demoiselle d'honneur pour la coordination), mais si vous avez une idée bien précise, informez votre fleuriste à l'avance. Presque tous les types de bijoux de famille peuvent être épinglés ou fixés par tressage parmi les fleurs (les broches en cristal vintage sont particulièrement jolies) et les mouchoirs anciens en dentelle sont une charmante alternative au ruban de satin. Quel que soit l'objet, apportez-le à votre fleuriste qui fera le nécessaire pour que vous le portiez quand vous vous dirigerez vers l'autel.

Glossaire des fleurs et des bouquets

Les fleuristes, à l'instar des médecins, oublient de temps à autre que vous n'êtes pas fleuriste. Ils lancent des noms de fleurs et de compositions et vous obligent à leur demander de répéter leur laïus en langage clair. Vous êtes capable de reconnaître une rose, mais le glossaire ci-dessous vous donnera la description des fleurs les plus courantes. Il vous aidera à vous élever au-dessus de la moyenne des mariées et à communiquer intelligemment avec votre fleuriste.

Calla. Cette fleur galbée est presque tubulaire avant de s'évaser largement. Il existe des variétés naines ou à tiges longues, dans de multiples couleurs - ivoire, vert, rose, jaune, orange et des violet pourpre allant du lilas à l'aubergine. On peut s'en procurer toute l'année et elle est assez coûteuse. (Note : il existe des dizaines de variétés, et si vous en aimez une, vous aimerez sans doute les autres.)

Hortensia. Cette fleur forme un gros coussin - quelques tiges suffisent à un bel effet. Les inflorescences rondes composées de multiples petites fleurs offrent une large palette de teintes - violet, bleu, rose et blanc - et ne sont pas parfumées. Les hortensias fleurissent essentiellement de juillet à novembre et sont assez peu coûteux.

Orchidée. Il existe plusieurs types d'orchidées ; les *Cymbidium*, *Dendrobium*, *Phalaenopsis* et *Mokara* sont les plus couramment utilisées pour les mariages. Prises collectivement, elles offrent toutes les teintes possibles et sont remarquables ; quelques fleurs suffisent à un bel effet. Certaines variétés sont assez chères.

Pivoine. Cette fleur somptueuse est délicieusement parfumée. Si vous êtes une mariée de l'été, vous y avez sûrement pensé. Épanouie, elle est plus large que votre poing et le choix des couleurs va du blanc et du rose pâle au pêche ou au magenta profond. Les fleuristes inventifs utilisent également ses boutons verts, parfaitement ronds, dans les compositions. Elle fleurit de la fin du printemps au début de l'été (mais peut être importée le restant de l'année). Elle est aussi l'une des fleurs les plus chères.

Pois de senteur. Cette fleur assez coûteuse est essentiellement disponible entre juin et octobre ; elle est très prisée car elle est aussi délicieuse à l'œil qu'au nez. Ses fleurs ondulées et délicates déclinent une gamme de couleurs du blanc à diverses nuances de violet en passant par le rose, le magenta et le rouge.

Jasmin de Madagascar. Si vous imaginez un bouquet blanc pur parfaitement rond, il a toutes les chances d'être composé de jasmins. Ses adorables petites fleurs

étoilées sont piquées d'une perle sombre au centre. Il signifie « mariage heureux » et il est l'une des fleurs préférées des jeunes mariées. Ses fleurs sont blanches et il est disponible toute l'année. Mais il est assez cher car, étant donné qu'il s'agit d'une liane, un fil de fer doit être inséré dans chaque tige.

Dahlia. Les dahlias sont des fleurs de belle taille à la forme vigoureuse - ronde, composée de plusieurs rangées de pétales légèrement effilés - qui offrent diverses couleurs vives (rose, orange, jaune, rouge et violet ou pourpre). Ils fleurissent de l'été au début de l'automne et sont assez bon marché.

Anémone. Ces fleurs éclatantes ressemblent à l'enfant naturel d'une pivoine et d'une tulipe épanouie, avec peut-être une pointe de gerbera. Cette fleur qui fleurit toute l'année n'est pas parfumée et elle est assez coûteuse. Elle offre des tons vifs de rose, violet, bordeaux et blanc.

Tulipe. Vous connaissez forcément la tulipe, mais peut-être pas toutes ses formes et ses couleurs qui se prêtent à des variations apparemment infinies de compositions florales. Les principales variétés sont hollandaises (les plus courantes), françaises (plus longues, légèrement plus effilées, et chères) et les « perroquets » (à pétales découpés et bigarrés). Voyez avec votre fleuriste les prix et la disponibilité.

Gueule-de-loup. Les fleurs tubulaires sont regroupées en grappes dressées et offrent divers coloris - blanc, rose, bronze, jaune et toute une gamme de rouges et de pourpres. Elles sont disponibles essentiellement entre le début de l'été et le début de l'automne.

Lors du choix de votre bouquet de mariée, rappelez-vous les définitions suivantes :

Cascade. Cette forme est la plus traditionnelle pour un bouquet de mariée. Les fleurs retombent en cascade des mains de la mariée, aussi bas que vous et le fleuriste en avez envie. Ce bouquet spectaculaire apporte une touche assez classique et il est presque toujours blanc.

Rond. C'est l'autre forme la plus classique de bouquet de mariée. Les fleurs sont rassemblées sans être trop serrées et les tiges sont bien enveloppées. Un bon choix pour un mariage traditionnel si la cascade ne vous plaît pas.

Champêtre. Ce bouquet tout en simplicité ressemble à celui que vous auriez composé en cueillant les fleurs dans la nature. Il est idéal pour un mariage de style décontracté, notamment en plein air.

Boule. Ce bouquet est généralement plus petit qu'un bouquet rond classique ; il a la même forme et les fleurs sont tassées. Il est souvent composé d'une seule variété de fleurs, mais rien n'empêche de varier.

Bulle. Le bouquet le plus petit. Il est composé de toutes petites fleurs très serrées avec quelques fleurs plus grosses, comme des pivoines, pour un effet délicat et sobre.

Aumônière. Cette forme est souvent destinée aux petites filles d'honneur qui sèment les pétales. Les roses et les hortensias sont couramment utilisés, en tout cas des fleurs légères et composant un coussin.

Les coordonnés

Quand vous aurez détaillé la forme, la taille, le style et les fleurs de votre propre bouquet et des centres de table, n'écartez pas encore les albums de décoration florale. Oh non ! Votre fiancé bien-aimé aura besoin d'une fleur de boutonnière, ainsi que votre père, votre beau-père et tous les témoins. Vos demoiselles d'honneur porteront également un bouquet. Votre mère et celle du marié arboreront impérativement un bouquet de corsage, au cas où leurs étreintes passionnées, leurs larmes et leur air radieux ne suffiraient pas à informer le monde entier qu'elles sont les mères. Les fillettes semeuses de pétales et les petits porteurs d'alliance méritent aussi leurs fleurs.
Et il y a encore des endroits que vous souhaiterez probablement fleurir :

- Les cartons de table.
- Les vestiaires (les dames comme les messieurs ont le droit de contempler de jolies fleurs pendant qu'ils essaient de nettoyer les taches de vin rouge sur leurs vêtements).
- La table des cadeaux.
- La table des souvenirs pour les invités.
- Et tout autre endroit que vous souhaitez orner à vos couleurs (le bar, les buffets…).

Pas de panique. Votre fleuriste a de l'expérience. Si cela ne vous dit rien de suer sang et eau sur ces compositions comme vous l'avez fait pour chaque fleur de votre bouquet, donnez-lui vos instructions - quelles couleurs ou fleurs privilégier, le montant ou les limites de votre budget - et laissez-le s'arranger. Il saura sélectionner les fleurs qui harmoniseront le tout et c'est vous que l'on félicitera.

LE PÂTISSIER
LE TRAITEUR
LA MUSIQUE

CHAPITRE 6

Les responsables de la réception

Maintenant que vous avez choisi les prestataires – vos « troupes de choc » sur le terrain –, il est temps de régler les détails essentiels de votre réception de mariage. C'est l'occasion d'imaginer les aspects agréables de la journée : vous allez offrir à vos amis une fête vraiment mémorable, avec des plats délicieux, un gâteau fabuleux et une musique qui attirera tout le monde sur la piste de danse.

Le traiteur

Le traiteur est responsable de la préparation, de la présentation et du service des mets que vos invités dégusteront, puis commenteront et se rappelleront longtemps (surtout s'ils sont très bons ou très mauvais). Les aliments et la boisson contribuent à l'ambiance générale d'une fête de mariage ; vous n'allez donc pas choisir n'importe quel individu coiffé d'un chapeau de chef et suivi d'une cohorte de serveurs.

Choisir un traiteur

Heureusement, comme vous atteindrez ce stade bien après avoir choisi votre lieu de réception, la liste des candidats sera de ce fait partiellement réduite. Vous aurez probablement découvert que le lieu de réception emploie un traiteur – ce qui signifie que vous êtes obligée de passer par lui – ou qu'il vous propose une liste de traiteurs « recommandés » composée de traiteurs locaux qui ont déjà travaillé pour cet établissement et sont familiarisés avec l'espace et avec ce type de réception. Évidemment, si le traiteur de l'établissement est imposé, vous pouvez rayer tout de suite cette tâche de votre liste. Mais si vous êtes face à une liste ou si avez toute latitude pour choisir votre traiteur et que vous partiez de rien, vous connaissez la marche à suivre :

1. Consultez les magazines spécialisés et le Web et suivez les conseils du bouche-à-oreille (notamment de la part des amis fraîchement mariés).

2. Demandez à votre wedding planner, au responsable du lieu de réception et aux autres prestataires des noms de traiteurs qu'ils connaissent, qu'ils apprécient et en qui ils ont confiance.

3. Consultez les sites Web des traiteurs recommandés. Comparez les menus proposés et le style d'événements qu'ils gèrent habituellement.

4. Passez un coup de téléphone rapide aux directeurs pour évaluer s'ils méritent un entretien plus approfondi.

5. Renseignez-vous sur les tarifs, les forfaits et divers détails. Que vous organisiez un simple buffet, un buffet servi sur assiette ou un dîner assis, les coûts seront calculés par personne, peut-être avec quelques suppléments (par exemple les boissons alcoolisées). Vous discuterez de toutes les modalités avec le traiteur potentiel avant de vous engager.

6. Quand vous aurez restreint votre liste à deux ou trois noms, préparez-vous à manger. C'est aussi simple que ça, car, maintenant, vous devez vraiment savoir si vous aimez ou non la cuisine de ce traiteur. Une délicieuse dégustation avec votre fiancé, et peut-être avec un couple de parents, emportera votre décision ou vous conduira ailleurs.

Avant de signer avec votre traiteur, mettez-vous bien d'accord sur ces points essentiels :

> ***Parole d'expert***
>
> *Si vous hésitez entre le traiteur qui propose les meilleurs hors-d'œuvre et celui qui fait les meilleures entrées, privilégiez la qualité du dîner. Vous pourrez toujours mettre l'accent sur le bar pour faire plaisir aux invités pendant le cocktail.*

• **Qui sera votre contact ce jour-là ?** Dans l'idéal, ce devrait être le responsable avec qui vous avez travaillé ; souvent, ce n'est pas la personne qui cuisine mais le manager. Cette personne doit être présente le jour de la réception pour coordonner, superviser et régler les problèmes.

• **Vérifiez que votre contrat est d'une précision absolue**, car le traiteur représente très probablement la partie la plus importante de votre budget. Spécifiez les dates, heures, lieux, nombre de serveurs, menu exact, solutions de remplacement possibles, noms, clauses d'annulation, preuves de validité de la licence de traiteur, votre accord sur les boissons alcoolisées (avec mention des marques), les horaires de mise en place, préparation et service des différentes composantes du repas et, évidemment, le coût de chaque chose.

• **Est-ce que le traiteur fournit les tables, les chaises, le linge de table, la vaisselle, les plats de service et ainsi de suite ?** Ou seulement une partie des articles ? Votre fleuriste peut en fournir une autre partie ; vérifiez que vous savez précisément ce que doit fournir le traiteur, puis incluez également dans le contrat la liste de ces articles.

• **Quelle est la position du traiteur au sujet des pourboires ?** Au fait, les pourboires ! Les plats vont être servis et débarrassés à de multiples reprises par des professionnels expérimentés. L'alcool sera servi par des barmen. Tous méritent une gratification pour leur travail difficile ; demandez donc à votre traiteur quelles sont ses pratiques habituelles. La plupart incluent les pourboires du personnel dans leur devis. Si ce n'est pas le cas, chargez quelqu'un (malheureusement pour Papa, c'est souvent lui) de remettre une somme globale à votre contact pendant la réception, lequel la répartira ensuite équitablement entre les différents serveurs.

Composer le menu

Une fois le traiteur choisi, il vous reste à composer le menu avec lui. La tâche peut exiger quelques négociations. Généralement, les traiteurs ont un menu type et, même s'il est complet - des pages de hors-d'œuvre, des entrées au choix, des spécialités de boissons et de desserts -, peut-être aimeriez-vous servir un plat particulier à vos invités. Vous avez aussi envie de recréer ces pâtes fantastiques que vous dégustiez en Italie quand il vous a posé la question fatidique ; ou personne ne mijote le bœuf à la bolognaise mieux que votre grand-mère qui est prête à fournir sa recette. (Si vous tenez à ce plat, assurez-vous que le traiteur accepte de le réaliser avant de signer le contrat.)

Discutez avec le traiteur. Vous pouvez peut-être composer un menu sur mesure en piochant dans ses propositions comme à un buffet.

Vous choisirez quelques-unes de ses offres et ajouterez vos propres plats. Quand vous aurez réussi à mettre sur pied un plan précis de ce qui sera servi aux divers stades de la réception (les hors-d'œuvre, les entrées, les buffets, les desserts supplémentaires à côté du gâteau, etc.), renouez votre serviette de table. Votre traiteur va vous proposer une ultime dégustation.

N'oubliez pas qu'il y a plusieurs options en ce qui concerne la présentation du repas :

Le dîner assis. Vos invités dégusteront les hors-d'œuvre proposés par des serveurs ou servis sur assiette à des buffets avant de s'asseoir à table pour savourer la suite. Puis ils iront danser pendant que leur part de gâteau sera servie à leur place. Cette formule est probablement la plus courante ; elle permet aux invités de se détendre, de boire et de porter des toasts alors qu'on les sert.

Le buffet avec service sur assiette. Après les amuse-gueules, les invités vont prendre leur place à table, puis faire le tour de buffets tenus par des serveurs. Il peut y avoir un buffet de hors-d'œuvre, avec une salade et divers assaisonnements, des potages, du pain et des tartinades. Peut-être aussi un buffet où l'on pourra choisir un type de pâtes, une sauce, du poulet ou des crevettes, des légumes, le tout mélangé devant soi par le cuisinier. Et un buffet de plats de résistance où vos invités auront le choix entre un filet de bœuf et du saumon avec quelques délicieuses garnitures. Les buffets

UN MENU POUR PLAIRE À TOUS

Quelle que soit la formule choisie, le repas donnera le ton de la fête.

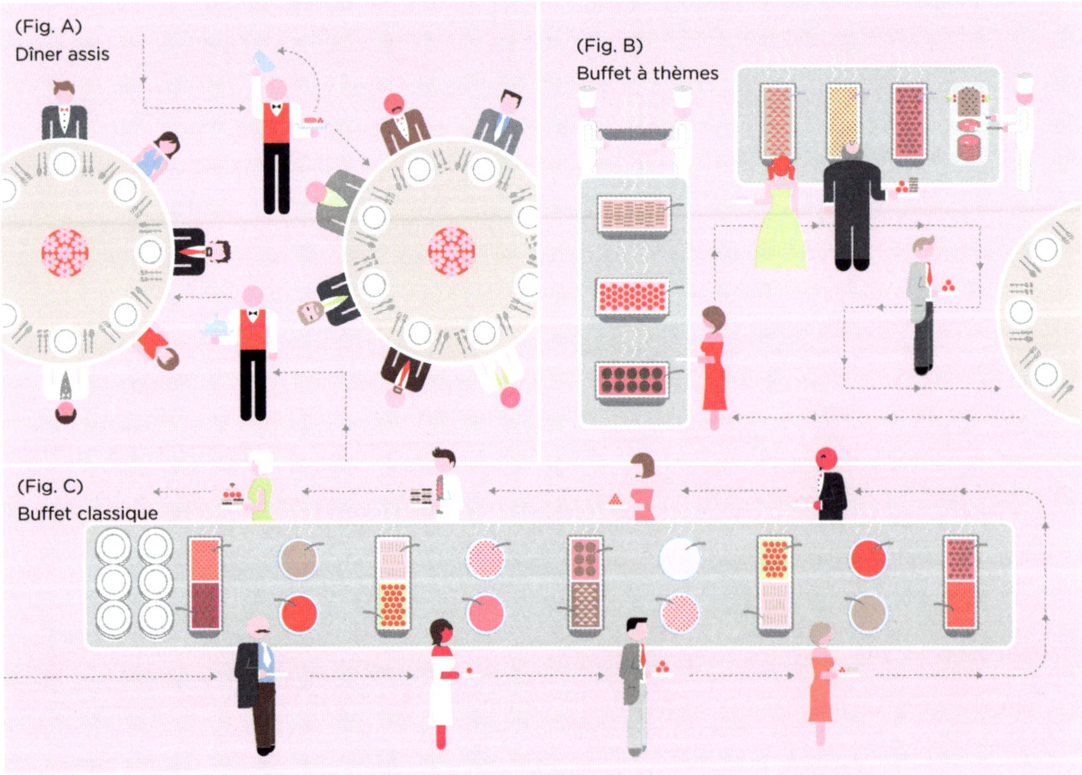

à thèmes permettent de se dégourdir les jambes et contribuent à mettre l'ambiance - de plus, chacun peut composer son repas selon ses goûts ou son régime.

Le buffet. Il est certainement plus à sa place dans une fête décontractée que dans une salle de réception à l'ambiance plus classique, mais si les plats sont fantastiques, il est probable que vos invités ne verront pas d'inconvénient à se servir eux-mêmes. Faites simplement en sorte qu'il soit d'un accès pratique et efficace afin d'éviter les queues interminables.

> **Parole d'expert**
>
> *Si vous prévoyez un dîner assis avec le choix entre une viande et un poisson, n'oubliez pas l'option végétarienne. Vous avez sans doute une idée approximative du nombre de personnes qui adoreraient des penne aux légumes frais accompagnés d'une sauce tomate et basilic.*

Composer le plan de table

Vos prestataires ont besoin de savoir comment installer les tables des invités et, pour cela, vous allez composer un plan de table. Cette opération n'est pas forcément le cauchemar que certains décrivent, mais vous pouvez rencontrer quelques cas délicats. Commencez donc à y réfléchir sérieusement au moins deux semaines avant le mariage et ne considérez en aucun cas qu'il s'agit d'une activité ludique de dernière minute (ou vous aurez des poches sous les yeux le jour du mariage). Il est utile de disposer de pense-bêtes visuels, que ce soit votre feuille de calcul d'ordinateur ou un panneau d'affichage et des Post-it. Veillez à utiliser un support qui vous permette de déplacer les invités d'une table à l'autre.

Voici les décisions fondamentales que vous devez prendre :

Vous et votre futur mari. Demandez-vous si vous souhaitez une table en tête à tête, juste pour vous deux. Vous serez rarement assis au cours de la réception, étant le centre de toutes les attentions, et peut-être une petite table séparée vous sera-t-elle agréable pour vous détendre une minute et passer quelques moments avec votre nouvel époux. Mais peut-être préférerez-vous rester au milieu de vos amis à la grande table d'honneur de votre cortège de noce. Après tout, vous aurez toute votre lune de miel pour vous retrouver dans l'intimité.

Votre cortège de noce. Voulez-vous une table d'honneur ou non ? Vous pouvez opter pour une longue table droite ou, surtout si le cortège de noce est réduit, une table ronde. Généralement, si un couple choisit la table en tête à tête, le cortège de noce est disséminé parmi les tables d'invités, en alternance avec leurs propres amis et la famille. S'il n'y a ni tête à tête ni table d'honneur, les mariés sont souvent placés avec les parents, les frères et sœurs et leurs invités, ainsi qu'avec l'officiant s'il est présent.

Vos invités. C'est là que des problèmes peuvent se poser mais, dans l'ensemble, c'est assez facile. Vous composerez des tables entières d'amis ou de membres de la famille, des tables où la moitié des personnes se connaissent et l'autre moitié

LE PLAN DE TABLE

Répartissez vos invités en vous inspirant de cette classification.

Les tables des convives

1. La table d'honneur
2. La famille de la mariée
3. La famille du marié
4. Les amis de la mariée
5. Les amis du marié
6. Les amis communs
7. Les amis professionnels de la mariée
8. Les amis professionnels du marié
9. Table mixte

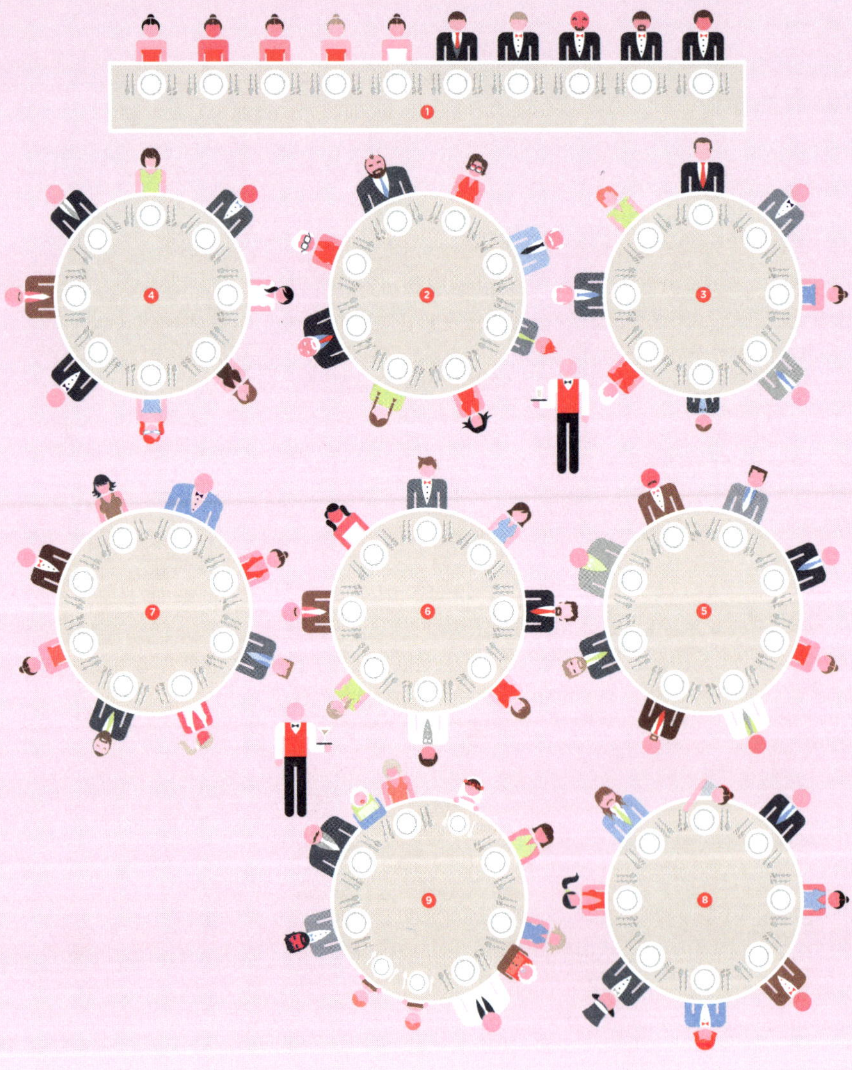

aussi, et des tables mélangées et bien assorties. Pour simplifier les choses, essayez de classer les gens par catégories avant de leur assigner une place : vos amis et votre famille, ses amis et sa famille, les collègues, les personnes qui se connaissent, les célibataires, etc.
Méfiez-vous : soyez prudente sur le placement des gens qui ne s'entendent pas. Qu'il s'agisse de divorcés ou de votre sœur et de ce garçon qui lui a brisé le cœur au CP (et elle ne s'en est toujours pas remise), faites preuve de discernement. L'alcool coulera à flots, évitez de favoriser les confrontations (ou simplement les tensions inutiles) en les plaçant à proximité.
Un autre groupe exige une attention particulière : celui des célibataires. Ils vous fusilleront sans doute du regard si vous les parquez ensemble à une même table autour de laquelle ils se regarderont fixement. Placez-les à une table de personnes qu'ils connaissent et là, peut-être, ajoutez quelques célibataires de vos amis (ou amis de votre mari) qu'ils ne connaissent pas ; vous pourriez en recueillir le crédit à leur mariage.

Prévoir les boissons alcoolisées

C'est un domaine où vous allez devoir entrer dans le détail, car il peut propulser votre budget à des hauteurs vertigineuses ou, en cas d'imprévoyance, laisser vos invités sur leur soif. Les deux cas sont des scénarios extrêmement déplaisants. Pour éviter ces calamités, mettez une stratégie au point avec votre traiteur.

La réception sans alcool. Si vous, votre fiancé et une bonne partie de vos familles et invités ne buvez pas d'alcool, et notamment si vous êtes aux prises avec un budget limité, n'hésitez pas à éliminer complètement l'alcool. Vous offrirez une multitude de boissons originales, y compris gazeuses, et tout le monde portera des toasts à votre bonheur avec la même bonne humeur.

Le bar limité (ou préétabli). Dans ce cas, l'alcool coulera - mais vous aurez décidé de ce qui sera servi et quand. C'est sans doute la solution la plus largement adoptée pour une réception de mariage car, sans être restrictive, elle vous permet de contrôler vos dépenses. Disons que vous servirez des vins blancs et rouges, du champagne pour les toasts, un choix de bières en bouteille et que vous proposerez divers cocktails à base de soda, jus de fruits, vodka et rhum. Vous indiquerez au traiteur les horaires d'ouverture du bar pour le cocktail et le dessert. Au cours de la réception, quand les invités sont assis pour écouter les toasts ou pour manger, veillez à ce que les serveurs fassent constamment le tour des tables pour proposer du vin ou, éventuellement, de la bière. Cette façon de procéder réduira sérieusement le coût des boissons alcoolisées, sans que personne ne craigne de mourir de soif.

L'open bar. Cette option est parfaite si vous n'avez pas de limite budgétaire et si vous craignez qu'un ami ou un oncle abuse de la boisson et fasse un esclandre. Un open bar est, par définition, ouvert en permanence et offre tout ce que peuvent souhaiter les invités. Vous n'avez de contrôle que sur les marques d'alcool proposées. Ce choix est plein de délicatesse vis-à-vis de vos invités, mais peut-être moins vis-à-vis de vos financiers à qui, bien entendu, sera facturée chaque gorgée avalée. Et, sans plaisanter, cela augmente les risques présentés par les personnes enclines à s'imbiber gravement - perte de contrôle et discours embarrassant, fracture de la cheville sur la piste de danse avec d'éventuels dommages collatéraux, vomissements sur la sculpture de glace... Si vous choisissez cette formule, chargez un copain fiable de garder un œil sur chaque suspect.

Le bar payant. Ne faites surtout pas ça. Autant faire payer un droit d'entrée à la réception et poster à la porte un videur de 2 mètres de haut et de 136 kilos qui demande aux invités s'ils sont inscrits sur la liste.

> **Parole d'expert**
>
> *Demandez au traiteur et à l'établissement de réception si vous pouvez acheter vous-même les boissons alcoolisées et les livrer la veille de la cérémonie. Vous réaliseriez ainsi des économies substantielles.*

SERVICE DES BOISSONS

Que vous choisissiez le bar sans alcool, limité ou open, vos invités passeront une soirée superbe.

1 Sans alcool

Sodas, jus de fruits, punch

Coût : ★★☆☆

Facteur de distraction : ★★★☆

2 Bar limité

Contrôle de la quantité et des types de boissons

Coût : ★★★☆

Facteur de distraction : ★★★★

3 Open bar

Illimité

Coût : ★★★★

Facteur de distraction : ★★★★

Le pâtissier

Le pâtissier est responsable de la création de la pièce maîtresse des photos de mariage traditionnelles : le gâteau. S'il est spectaculaire, les invités seront impressionnés et s'en souviendront ; s'il est épouvantable, ils n'y prêteront pas attention et danseront ou boiront davantage et s'en souviendront. Si vous respectez les traditions, la pièce montée vous permet aussi de revivre ce grand moment en dégustant l'étage supérieur - préalablement congelé - le jour de votre premier anniversaire de mariage.

Choisir un pâtissier

Le choix risque d'être limité car votre traiteur est peut-être accoutumé à fournir également les gâteaux de mariage. À vous de vérifier le talent du traiteur en la matière (c'est-à-dire goûter à une dizaine de gâteaux) et de décider si vous en incluez un dans le forfait. Mais si le traiteur n'est pas un spécialiste des gâteaux, réunissez des informations concernant les pâtissiers comme vous l'avez fait pour les autres prestataires (bouche-à-oreille, magazines, sites Web, recommandations des autres prestataires) et prenez votre téléphone.
Si, après un entretien téléphonique, le pâtissier vous plaît et si son style vous convient, rencontrez-le en personne. Vous n'aurez sûrement pas de mal à convaincre votre bien-aimé de vous accompagner : il s'agit seulement de goûter des gâteaux.

Choisir un gâteau

Une fois l'artiste choisi, il est temps de passer au plaisir de préciser les détails. Il y a des chances pour que vous l'ayez choisi après avoir goûté des desserts fabuleux et vous savez peut-être déjà quel gâteau a emporté votre décision (par exemple, l'Opéra fourré de mousse au chocolat avec glaçage à la crème au beurre et au café ou le quatre-quarts fourré aux framboises trempées dans le Grand Marnier avec glaçage au chocolat).
Si vous êtes séduite par le pâtissier mais pas nécessairement par l'une de ses spécialités, passez à l'étape suivante :

- Apportez toutes vos idées - pages arrachées dans un vieux magazine, notes de votre fleuriste, tout ce que vous avez imprimé sur le Web, ce que vous avez dans la tête - et dites-lui que vous êtes ouverte à toutes les saveurs.
- Dans certains cas, le pâtissier présente diverses associations de gâteaux, garnitures et glaçages. Dans d'autres, il présente les composantes séparément, ce qui permet de tester différentes associations des trois composantes de base et de choisir celle que vous préférez.
- Si vous voulez essayer une recette (le célèbre quatre-quarts aux pépites de chocolat de Grand-Mère), demandez franchement au pâtissier de la moderniser un peu.

Cette prise de décision doit être une partie de plaisir ; au fond, vous êtes seulement en train de mélanger différentes formes de sucre ; comment pourriez-vous vous tromper ?

Avant de signer avec le pâtissier, il y a plusieurs points essentiels à clarifier :

• Si vous voulez inclure dans le contrat des croquis de votre gâteau, avec description des parfums et des décorations, précisez-le.

• Veillez à ce que tous les coûts soient clairement indiqués. La majorité des pâtissiers fixent un prix par personne (c'est-à-dire que, quand vous avez votre compte d'invités, ils font un gâteau de la taille correspondante et facturent en fonction), mais d'autres fixent un prix global.

• Précisez au pâtissier l'endroit où le gâteau sera placé (adresse de la salle de réception, mais aussi emplacement précis où vous le souhaitez dans la salle) et à quelle heure il doit l'apporter.

• Vérifiez la bonne coordination avec les autres prestataires impliqués dans la mise en place du gâteau : le fleuriste, pour ajouter quelques touches de décoration ; le traiteur, s'il doit apporter d'autres plateaux de desserts sur la même table (notamment une fontaine à chocolat ou quelque chose de ce genre).

• Indiquez clairement si vous louez les ustensiles de coupe et de service au pâtissier ; sinon le traiteur ou la salle de réception devra les fournir.

Glossaire des termes de pâtisserie

Les choses sont plus compliquées que lorsqu'il s'agit de gâteaux industriels dont vous vous empiffrez après une brouille avec votre fiancé. Voici quelques-uns des termes les plus couramment utilisés et qui vous aideront à communiquer avec votre pâtissier pour le choix de la décoration de votre merveilleux gâteau.

Crème au beurre. L'appareil le plus élémentaire, que nous connaissons et adorons. Composé essentiellement de beurre et de sucre, il peut napper le gâteau ou le fourrer.

Fondant. Avez-vous remarqué combien la plupart des gâteaux de mariage semblent incroyablement lisses ? C'est parce qu'ils sont couverts de fondant, un glaçage à base de sucre et d'eau, très épais et malléable, qui peut être abaissé au rouleau comme une pâte.

Frangipane. Si vous avez vu sur un gâteau des fruits et autres décorations ravissantes et parfaitement formées, ils étaient probablement composés de cette pâte à base d'amandes moulues et de sucre.

Pastillage. Cette pâte à base de sucre, d'eau et de gélatine, sèche mais malléable, permet des décorations longue durée et comestibles.

Ganache. Un nappage de chocolat épais qui forme une surface si brillante que vous pouvez vérifier votre maquillage en vous regardant dedans.

Sucre filé. Un genre de barbe à papa sophistiquée ; il forme des filaments très longs et très fins, colorés et transparents, qui ajoutent une note délicate sur le pourtour des étages du gâteau.

LE GÂTEAU DE MARIAGE

Votre gâteau est un délicieux point de mire de la réception.

1 Il est de tradition de congeler le dernier étage et de le déguster au premier anniversaire de mariage.

2 Le gâteau peut être décoré en harmonie avec votre thème de couleurs et de décoration.

3 Le gâteau du marié est une création humoristique à part.

4 Les ustensiles de coupe et de service sont fournis par le traiteur, le pâtissier ou la salle de réception.

5 Des pâtissiers facturent un prix par personne, d'autres un prix global.

6 Il existe une multitude de parfums pour chaque type de gâteau ; le pâtissier peut organiser une séance de dégustation.

Un gâteau salissant ou pas ?

La grande question. Tout au long de la préparation de votre mariage, c'est peut-être celle qui vous rongera le plus : votre gâteau sera-t-il une œuvre d'art ou un champ de bataille alimentaire ? Cruel dilemme, et ni vous ni votre fiancé ne serez peut-être capables d'y répondre avant d'être dans le feu de l'action.

Le problème se résume à ceci : est-il plus important

a. que ce moment soit la preuve de la fantaisie et de l'humour qui règnent entre vous (attestés par la bonne humeur et les excellentes photos qui accompagneront ce moment), ou

b. que votre coiffure, votre maquillage et votre robe restent intacts et impeccables pour le reste de la soirée ?

Si vous voulez être absolument sûre que vous êtes sur la même longueur d'onde, mieux vaut aborder le problème avant le grand jour. Si votre bien-aimé, « futur centre de votre vie », est du genre à ne pas résister à l'envie de vous mettre de la crème au beurre sur le nez, bien que vous lui ayez fait jurer que cela n'arriverait pas, vous avez deux solutions. Soit vous vous préparez au pire, soit vous vous assurez qu'il a bien compris qu'il apprécierait moins sa nuit de noce s'il faisait un truc pareil. C'est un moment de votre journée de mariage qui ne se planifie pas sur ordinateur.

Le gâteau du marié

C'est un gâteau de marié... Il s'agit généralement d'une création fantaisiste ou humoristique, indépendante du gâteau principal. Vous pouvez le servir en même temps que l'autre au cours de la réception ou emballer des parts que vos invités emporteront en partant. Si vous avez une idée de gâteau originale, qui reflète vos centres d'intérêt, vos hobbies ou vos goûts communs, mais que vous ne voulez pas plaisanter avec la tradition, un gâteau de marié est peut-être une bonne solution. De plus, si votre fiancé vous propose plein d'idées concernant le gâteau principal et que vous êtes intraitable, offrez-lui son propre gâteau et laissez son imagination débordante s'exprimer là (après tout, c'est probablement l'une des rares décisions qu'il aura à prendre).

La musique

La musique est l'élément numéro un pour créer une ambiance festive et pour la conserver tout au long de la soirée. C'est également un domaine dans lequel il vous faudra vous décider par avance, et la première question est de savoir qui sera l'animateur de la soirée - un DJ dans une cabine avec platines ou un chanteur avec un micro et ses musiciens derrière lui ?

Orchestre ou DJ ?

C'est l'un des plus vieux débats dans l'univers du mariage. Au bout du compte, cela dépend de votre budget et de vos préférences.
Autant que vous le sachiez tout de suite, un groupe coûte plus cher qu'un DJ. Parfois, considérablement plus cher. En deux mots, un groupe nécessite beaucoup plus de logistique : ces personnes vont s'alimenter et auront besoin d'un endroit pour faire une pause ; et ils ne pourront pas jouer pendant des heures d'affilée. Encore quelques avantages et inconvénients :

Pour :

- Un groupe maîtrise le rythme de la soirée - un bon leader peut être un animateur charismatique, en phase avec les participants et maîtrisant le rythme de la musique comme le tempo des chansons.
- Si le leader est drôle ou si le groupe porte des costumes d'enfer, ils apportent un supplément d'ambiance dans la soirée.
- Nombre d'orchestres viennent avec une sono qui permet de passer des disques comme le ferait un DJ si vous souhaitez simplement entendre un morceau dans sa version originale.
- L'énergie physique qu'apporte un groupe ne peut être reproduite par une sono.

Contre :

- Même le meilleur groupe ne peut pas rendre exactement le son original de votre chanson favorite.
- Ai-je précisé qu'un groupe est plus coûteux ?

Un DJ peut également être un excellent animateur de soirée, avec les mêmes compétences qu'un leader de groupe. Il sait quels morceaux jouer pour respecter le calme du dîner ou accélérer le rythme quand vous voulez que vos invités prennent la piste d'assaut. Encore quelques avantages et inconvénients :

Pour :

- Les DJ coûtent moins cher. Engager une personne avec son matériel et n'avoir qu'une seule bouche à nourrir peut se traduire par une différence de plusieurs milliers d'euros.
- Toutes les chansons que vous aurez envie d'entendre auront exactement le son de l'original, puisque ce seront les versions originales.
- Une simple pression sur un bouton suffit pour que la musique continue quand le DJ fait une pause.

• Un DJ a une palette plus variée qu'un orchestre qui est souvent spécialisé dans un style de performance.

Contre :

• Un DJ ne procure pas la même sensation qu'un groupe. Il n'a pas le même impact visuel qu'un groupe de musiciens revêtus de leurs plus beaux habits et vivant pleinement la soirée.

• Pour je ne sais quelle raison, un mauvais DJ paraît toujours plus mauvais qu'un mauvais groupe. Les pires iront jusqu'à ignorer les demandes et joueront des rengaines pénibles comme la *Macarena* ou *La Danse des canards*.

Finalement, le groupe et le DJ ont le même nombre d'avantages et d'inconvénients. Vous choisirez par vous-même quelle solution vous convient le mieux et ce que vous permet votre budget.

Le choix de la prestation

(Fig. A)
GROUPE

(Fig. A) Groupe

Pour :

1. Un groupe maîtrise le rythme de la soirée.
2. La personnalité du groupe ajoute à l'ambiance.
3. Il peut passer des chansons enregistrées avec une sono.
4. Le groupe apporte une énergie impossible à reproduire avec une sono.

Contre :

1. Il ne peut pas rendre exactement le son de la version originale.
2. Plus onéreux qu'un DJ.

(Fig. B)
DJ

(Fig. B) DJ

Pour :

1. Les DJ coûtent moins cher que les groupes.
2. Toutes les chansons ont le son original.
3. Le DJ entretient l'ambiance musicale même pendant ses pauses.
4. Le DJ offre une grande diversité de groupes et de styles.

Contre :

1. Les DJ infusent moins de chaleur humaine.
2. Les mauvais DJ sont pires que les mauvais groupes.

Choisir un groupe ou un DJ

Après avoir décidé si un groupe ou un DJ accompagnerait vos invités tout au long de la nuit, restreignez la liste et lancez l'opération le plus tôt possible. Même si vous n'êtes pas obligée d'entrer dans les moindres détails, n'oubliez pas que les meilleurs groupes sont réservés un an à l'avance et il serait dommage d'en être réduite à organiser une soirée de seconde classe. Cette fois cependant, la méthode fondamentale pour choisir ce prestataire est le bouche-à-oreille. Si un groupe ou un DJ est vraiment bon, le bruit se répand : tous les jeunes mariés que vous connaissez, le directeur du lieu de réception, ou n'importe quel autre prestataire devraient être en mesure de vous citer immédiatement leur tiercé gagnant. Quand vous avez quelques noms, prenez rendez-vous. Après tout, si vous n'êtes pas fana de leur style ou de leur personnalité, vous n'allez pas les laisser dicter le rythme de votre soirée avec les airs qu'ils jouent. Ils vous diront quand doit avoir lieu leur prochaine prestation, même s'il s'agit d'un mariage. Vous y passerez et resterez quelques minutes en coulisses pour savoir si vous aimez ce que vous entendez. Et ne vous inquiétez pas de jouer les intrus ; il y a des chances qu'un couple ou deux pointent le nez dans votre réception pour la même raison.

Choisir la playlist

Que vous engagiez un groupe ou un DJ, vous et votre fiancé voudrez établir une liste de vos morceaux préférés. C'est même l'occasion de passer un moment divertissant avec quelques membres de votre noce et de rassembler un maximum de suggestions pour la bande-son du mariage. En ce qui concerne la piste de danse en soirée, demandez quelques chansons que vous aimez particulièrement – et soyez ferme sur celles qui vous hérissent – mais pour le reste de la soirée, laissez le groupe ou le DJ faire son travail. Pour ce qui relève des autres étapes de la réception, cependant, faites votre liste ; ce sont des moments où *tout le monde* sera attentif.

Les chansons d'entrée

S'il vous plaît, n'intégrez pas le thème de *Rocky* dans votre liste. Surtout pas. Votre mari ne résistera pas à l'envie d'entrer en sautillant, les poings voltigeant en l'air, et ce n'est sans doute pas l'image que vous avez de votre première apparition dans une salle de réception en tant que mari et femme. Choisissez plutôt, pour votre entrée et celle de votre cortège de noce, des chansons joyeuses qui ont une signification pour vous. Y a-t-il une chanson que vous auriez aimée pour votre première danse, mais qui est un peu trop jazzy pour un slow romantique ? Choisissez-la pour votre entrée de couple. Et il y en a sûrement une qui vous rappellera toujours vos amies (et lui, ses copains) et un moment drôle de votre vie – peut-être la chanson que vous écoutiez avec vos camarades de chambre à l'université quand vous vous prépariez pour une sortie, ou celle qui vous fait toujours rire car c'était la rengaine nunuche de votre promo. N'hésitez pas, choisissez toutes les chansons qui vous rendent heureuse – elles ne sont pas très longues de toute façon.

La première danse du couple

Ne vous inquiétez pas si vous n'avez pas « votre » chanson. Tout le monde n'a pas vécu au cours de sa relation amoureuse un moment intense au son d'une chanson douce, lente et parfaitement adaptée. Si vous l'avez, évidemment, ne la manquez pas - elle deviendra *vraiment* votre chanson. Sinon, choisissez un air dont vous aimez tous les deux la mélodie et qui a une signification pour vous. Les paroles peuvent décrire ce que vous ressentez l'un pour l'autre ou le type de relation qui existe entre vous. Ce n'est même pas forcément la chanson elle-même qui compte - peut-être avez-vous su qu'il serait l'heureux élu au cours d'un concert, et n'importe quelle chanson du groupe qui jouait ce jour-là vous ramène à ce sentiment. Ne choisissez pas votre chanson au hasard ou parce que la réflexion vous prend trop de temps, ou parce que vous n'arrivez pas à vous mettre d'accord. Demandez des suggestions à votre leader de groupe ou au DJ, ou à votre entourage. Et n'ayez pas peur de sortir de l'ordinaire.

La danse Père et Fille

En ce qui concerne cette catégorie, un nombre incalculable de chansons semblent avoir été écrites précisément pour la circonstance.
En fait, beaucoup de musiciens ont conçu des chansons pour leurs filles. Vous pouvez choisir parmi celles-ci ou même faire preuve de créativité et opter pour des chansons qui parlent d'« elle » sur un mode romantique. Il est probable qu'en les écoutant, l'une d'entre elles vous donnera l'impression d'évoquer précisément la relation particulière qui existe entre votre père et vous. Les musiciens que vous avez engagés peuvent également vous aider et vous proposer des chansons que vous ne connaissez pas. Et pourquoi ne pas la choisir avec votre père ? Sait-on jamais, il y réfléchit peut-être depuis que vous êtes petite (les pères réservent toutes sortes de surprises quand leurs filles se marient).

La dernière danse

Oubliez la *last dance* de votre soirée de fin d'année au lycée et choisissez une chanson qui communique un sentiment de joie, qu'il s'applique à un nouveau départ, à un amour solide ou au très bon moment passé ensemble. Si vous n'êtes pas sûre de vouloir clore la nuit, n'hésitez pas à laisser cela à vos musiciens. C'est leur travail et si vous vous êtes bien renseignée avant de les engager, ils le feront très bien.

Avant de signer avec le groupe ou le DJ, éclaircissez plusieurs points essentiels :

• Si vous engagez un groupe mais souhaitez entendre une ou deux chansons dans leur version originale, et aussi avoir un fond musical pendant sa pause, vérifiez qu'il apporte une sono. S'il n'en dispose pas, prévoyez-la vous-même pour être sûre que la piste de danse ne sera jamais silencieuse (vous pouvez envisager de faire une compilation de vos morceaux préférés qui sera diffusée pendant l'intermède).

• Si vous avez opté pour un groupe, assurez-vous que le contrat mentionne tous les détails : horaire d'arrivée, durée de la prestation, nature des costumes, collation à prévoir ou non, noms des membres du groupe (essentiel, celui du leader et de son remplaçant en cas d'empêchement du premier), les chansons que vous voulez être sûre d'entendre (ou de ne pas entendre), le supplément éventuel pour dépassement d'horaire, le nombre de pauses et le coût de chaque élément.

• Si vous engagez un DJ, vérifiez que le contrat stipule que le DJ choisi sera présent en personne à votre soirée. Il devrait aussi mentionner le nom d'un remplaçant compétent en cas de problème de dernière minute.

• Lors de la finalisation du contrat du DJ, veillez à ce qu'il indique le matériel apporté par lui-même et, éventuellement, ce que vous devez fournir, comme une table et une chaise, les vivres, etc. Précisez ses heures d'arrivée et de départ (et aussi s'il doit mettre de la musique ou non pendant la réception) et le supplément éventuel pour dépassement d'horaire si vous souhaitez terminer la soirée chez vous, et qu'il anime.

LA PLAYLIST DE VOTRE MARIAGE

Voici quelques suggestions pour les danses les plus importantes de votre mariage.

1. Chanson d'entrée

- ❑ « We Go Together » par la troupe de Grease
- ❑ « Beautiful Day » par U2
- ❑ « Bitter Sweet Symphony » par The Verve
- ❑ « Love and Marriage » par Frank Sinatra

2. Première danse

- ❑ « A moment Like This » par Kelly Clarkson
- ❑ « All I Want Is You » par U2
- ❑ « Come Away with Me » par Norah Jones
- ❑ « Let's Stay Together » par Al Green

3. Danse Père/Fille

- ❑ « Butterfly Kisses » par Bob Carlisle
- ❑ « Isn't She Lovely » par Stevie Wonder
- ❑ « My Girl » par The Temptations
- ❑ « The Way You Look Tonight » par Frank Sinatra

4. Tubes/dernière danse

- ❑ « ABC » par Jackson Five
- ❑ « Dancing Queen » (ou n'importe quelle autre) par Abba
- ❑ « Lady Marmalade » par LaBelle
- ❑ « Love Shack » par B-52's
- ❑ « Papa's Got a Brand New Bag » par James Brown
- ❑ « Play That Funky Music » par Wild Cherry
- ❑ « Respect » par Aretha Franklin
- ❑ « Shout » par Otis Day and The Nights
- ❑ « Sweet Caroline » par Neil Diamond
- ❑ « Twist and Shout » par The Isley Brothers ou les Beatles
- ❑ « We Are Family » par Sister Sledge
- ❑ « YMCA » par Village People

x100
Hélène et Jean
PRIORITAIRE
POSTE

CHAPITRE 7

La logistique

Oui, organiser un mariage s'apparente parfois à un travail. Notamment quand vous arrivez aux tâches qui doivent être effectuées simplement pour que le mariage ait lieu. Nous ne parlons pas ici des subtilités des compositions florales et du placement des cartons à la réception, mais de la logistique qui permettra à la soirée de fonctionner comme une machine bien huilée et à vos invités de se sentir considérés et honorés d'assister au grand événement.

Les invitations

Impossible d'y échapper : lancer des invitations officielles est un must, à moins que vous ne fassiez un « mariage à deux sur la plage » ou une « fête à la mairie ». Vous allez prendre un peu de temps pour choisir ou concevoir des invitations qui donneront le ton de la fête dès l'instant où vos invités ouvriront l'enveloppe.

Pré-invitations et calendrier

Une pré-invitation n'est pas nécessairement de la même qualité ou conception que votre faire-part de mariage et vous trouverez des cartes parfaites chez votre papetier préféré. L'idée est d'indiquer à tous vos invités qu'ils doivent retenir la date ; envoyez donc les cartes dès que vous l'aurez fixée. Même si vous avez un an d'avance, allez-y, et de toute façon envoyez-les au moins six mois avant la date fatidique.

- En même temps que la pré-invitation, fournissez des renseignements utiles (plus détaillés par la suite) pour les invités qui habitent en dehors de la ville et devront organiser leur voyage à l'avance.
- Ne vous inquiétez pas si vous n'avez pas envoyé de pré-invitation à tous ceux qui figureront sur votre liste finale. Il y a des chances que vous en ayez envoyé une aux invités les plus importants et qu'ils aient noté la date sur leur agenda.
- Le faire-part qui suivra comportera tous les détails : horaires, lieux, itinéraires et informations concernant les transports.

Les faire-part doivent arriver dans les boîtes aux lettres huit semaines avant votre mariage - délai qui permet aux invités de vérifier qu'ils peuvent y assister, d'organiser leur voyage au besoin et de vous renvoyer le carton (rappelez-vous que vous devrez confirmer à certains prestataires le nombre de personnes présentes une semaine ou deux avant le mariage pour qu'ils finalisent leur programme). Pour respecter ces huit semaines, vous devrez commencer à réfléchir au moins cinq mois plus tôt. Il vous faut le temps de concevoir les invitations, de les relire attentivement et de corriger les erreurs éventuelles avant de les faire imprimer. Ne vous mettez pas le dos au mur sous peine de devoir les bâcler pour les avoir à temps.
La bonne nouvelle est que ce domaine est l'un de ceux où il est le plus facile de ne pas se ruiner - ainsi vos demoiselles d'honneur auront des bouquets entièrement composés de pivoines ou vous, les mariés, des alliances en platine plutôt qu'en or blanc. Prenez le temps de chercher et de comparer les prix. Choisissez la formule la plus simple et la plus classique possible pour rester dans un budget serré. Toutefois, si vous avez des prétentions artistiques et voulez vraiment impressionner vos

invités avec des invitations extraordinaires, il existe de nombreuses solutions pour les créer vous-même ; plein de graphistes talentueux seront disposés à créer avec vous un faire-part personnalisé pour bien commencer les festivités.

Dates d'envoi pour le grand jour

1. Les pré-invitations arrivent de six mois à un an avant le grand jour.
2. Les faire-part arrivent huit semaines à l'avance.

Choisir un papetier

Vous ne vous fierez pas seulement aux supports visuels et aux exemples pour trouver la papeterie qui peut répondre à vos attentes, mais également aux techniques qui ont fait leurs preuves dans le choix des autres prestataires : le bouche-à-oreille, les recherches sur le Web et dans les magazines spécialisés, et les faire-part que vous avez conservés parce que vous saviez que vous vous en inspireriez un jour.
Quand vous avez restreint votre liste, prenez rendez-vous pour un entretien et pour voir les réalisations dans la boutique. Demandez au papetier :

- S'il a un book d'exemples que vous pouvez consulter pour faire votre choix.
- S'il fait uniquement des invitations personnalisées ou s'il a des modèles standard moins coûteux.
- Ce qui est inclus dans ses différents forfaits (de façon à coordonner pré-invitations, menus, cartons de placement, programmes et faire-part).
- S'il dispose de papiers de différentes couleurs pour commencer à faire une sélection.

Puis renseignez vous sur les services proposés, délais de conception, de correction et d'impression, et pratiques tarifaires (eh oui ! il existe plusieurs techniques d'impression) :

Gravure. Cette méthode très coûteuse fait appel à une plaque métallique qui presse les caractères dans le papier ; le délai est de quatre à six semaines.

Thermographie. La technique la moins chère et la plus couramment employée : un processus calorifique imprime les lettres en relief sur le papier. Le délai est plus court que celui de la gravure (trois semaines), mais fait parfaitement l'affaire pour les soirées classiques.

Typographie. Autre technique onéreuse, mais qui permet d'obtenir un rendu impeccable des caractères sur le papier. Elle permet également de jouer avec les couleurs. Comptez quatre à six semaines de délai d'impression.

Gaufrage. Cette méthode qui permet d'obtenir un texte en relief est si chère qu'on l'emploie souvent pour ajouter une unique touche de sophistication, sur le bord du faire-part par exemple. L'effet est également très joli sur un grand monogramme. Comptez quatre semaines de délai pour un gaufrage.

Et maintenant, il est temps de choisir votre papier. Interrogez le papetier sur les papiers et les encres disponibles (la gamme des textures, épaisseurs, aspects, couleurs et pigments est infinie). Certains papetiers, au-delà du papier cristal, jacquard, marbré et mylar, impriment également sur verre, bois ou soie - des supports que vous n'avez peut-être même jamais imaginés.

Choisir la forme et le style

Votre faire-part donne à vos invités la première impression de ce que sera votre réception, il doit donc refléter fidèlement le mariage que vous avez prévu. L'aspect traditionnel (ou non) de l'invitation, le calendrier et le style leur indiqueront quel type de tenue est souhaitable. Certains faire-part indiquent clairement « cravate noire

Votre papeterie de mariage

À imprimer :

1. Invitations
2. Cartons de réponse
3. Menus
4. Programme de cérémonie
5. Cartons de table
6. Étiquettes pour les cadeaux

de rigueur », « cravate noire facultative », « tenue habillée » ou « décontractée », etc., mais ne soyez pas étonnée de recevoir des appels téléphoniques d'invités vous demandant si « cravate noire » signifie qu'une veste de sport convient.
Si vous organisez une grande réception chic, vous pourriez choisir un papier écru épais avec un texte classique noir et un intérieur d'enveloppe or. Vous utiliserez les formules traditionnelles, quelque chose comme « M. et Mme Dupont, M. et Mme Durand ont l'honneur de vous faire part du mariage de leurs enfants Hélène et Jean. La bénédiction nuptiale sera donnée le 20 octobre à 15 heures », et ainsi de suite.
Si vous prévoyez une fête moins classique, vous vous dirigerez peut-être vers une association de couleurs ludique, un dessin original et un texte moins protocolaire : « M. et Mme Dupont, M. et Mme Durand vous invitent à se joindre à eux à l'occasion du mariage de leurs enfants Hélène et Jean, le 20 octobre à 15 heures. »
Il n'y a pas de règle absolue concernant les formulations. La seule obligation est le respect de vos hôtes.

Si vos parents invitent :

« M. et Mme Dupont ont l'honneur de vous faire part du mariage de leur fille Hélène avec Jean, le 20 octobre à 15 heures. »

Si les parents des deux côtés invitent :

« M. et Mme Dupont, M. et Mme Durand ont l'honneur de vous faire part du mariage de leurs enfants Hélène et Jean, le 20 octobre à 15 heures. »

Si vous et votre fiancé invitez :

« Hélène et Jean ont l'honneur de vous faire part de leur mariage le 20 octobre à 15 heures ». Ou : « Nous sommes heureux de vous inviter à vous joindre à nous lors de notre mariage le 20 octobre à 15 heures. »
Vous voulez que vos faire-part sortent de l'ordinaire ? Envisagez avec votre papetier la création de pré-invitations sous forme de magnet ou d'inclure un photomaton en noir et blanc dans les invitations.
Si vous souhaitez que toute la papeterie soit coordonnée, indiquez à votre fournisseur les autres articles qu'il devra imprimer :

- Cartons et enveloppes de réponse, itinéraires, renseignements, etc.
- Menu à la place de chaque invité.
- Programme de cérémonie.
- Cartons de table.
- Étiquettes pour les cadeaux et autres petits articles.

Voyez aussi si le papetier propose un service de calligraphie des adresses sur les enveloppes ou s'il peut vous recommander des professionnels (à moins, évidemment, que vous ne soyez très versée en calligraphie et que vous vouliez rédiger vous-même les enveloppes).

Les transports

Les transports vers votre grande réception vous semblent un simple détail car vous vous demandez rarement comment aller d'un point A à un point B le reste de l'année. Ce qui explique sans doute que ce soit l'une des dernières choses auxquelles pensent les futurs mariés, débordés. Pourtant vous devez vous en préoccuper pour vous-même, votre cortège de noce et vos invités.
Le fait est que vous aurez du mal à vous caser derrière le volant avec vos épaisseurs de tulle et à vous rendre simplement à la cérémonie sans assistance. Votre cortège d'honneur, vos parents et votre fiancé chéri vont également devoir se déplacer. Et vos invités auront probablement besoin d'aide aussi.
Tout à coup, le problème paraît plus complexe, mais prenez la journée par étapes et organisez chacune d'elles. La clé de la réussite est de communiquer le plan de transport à chaque groupe à l'avance.

Pour vous et votre couvée

La veille de votre mariage, vous aurez un plan détaillant les transports vers chaque lieu, pour vous et votre noce. Le minutage doit tenir compte des embouteillages et autres pagailles possibles ; calculez la durée habituelle du trajet et multipliez-la par deux par sécurité.
Voici les principaux déplacements que vous aurez à faire en Rolls-Royce, à cheval, en trottinette ou par tout autre moyen de votre choix :

- Vous, vos parents et le cortège d'honneur, de votre point de départ vers le lieu de la cérémonie (fig. A).
- Votre futur mari et ses parents, de leur point de départ vers le lieu de la cérémonie (fig. B).
- Vous et votre nouveau mari, de la cérémonie vers la salle de réception (fig. C).
- Vos parents et le cortège de noce, de la cérémonie vers la salle de réception (fig. C).
- Vous et votre nouveau mari, de la salle de réception à l'endroit où vous passez la nuit (fig. D).
- Vous et votre nouveau mari, de l'endroit où vous passez la nuit à votre domicile ou à celui de vos parents, ou à l'aéroport d'où vous partez en lune de miel (fig. E).

Pour les invités

Si plusieurs invités séjournent dans un ou deux hôtels à proximité, il est courtois de leur procurer une navette entre l'hôtel et les lieux de la cérémonie et de la réception. Vous leur éviterez ainsi de se demander qui monte dans quelle voiture, de se préoccuper de l'itinéraire, de s'inquiéter d'arriver en retard et, plus tard, de savoir s'ils ont bu deux gin tonic ou douze. Négociez avec l'hôtel la location d'une jolie voiture, d'un monospace ou d'un minibus et d'un chauffeur aimable, sobre et expérimenté. Sinon, votre wedding planner ou le responsable du lieu de réception peuvent peut-être vous conseiller les services de prestataires auxquels ils font fréquemment appel.

Organisation des transports

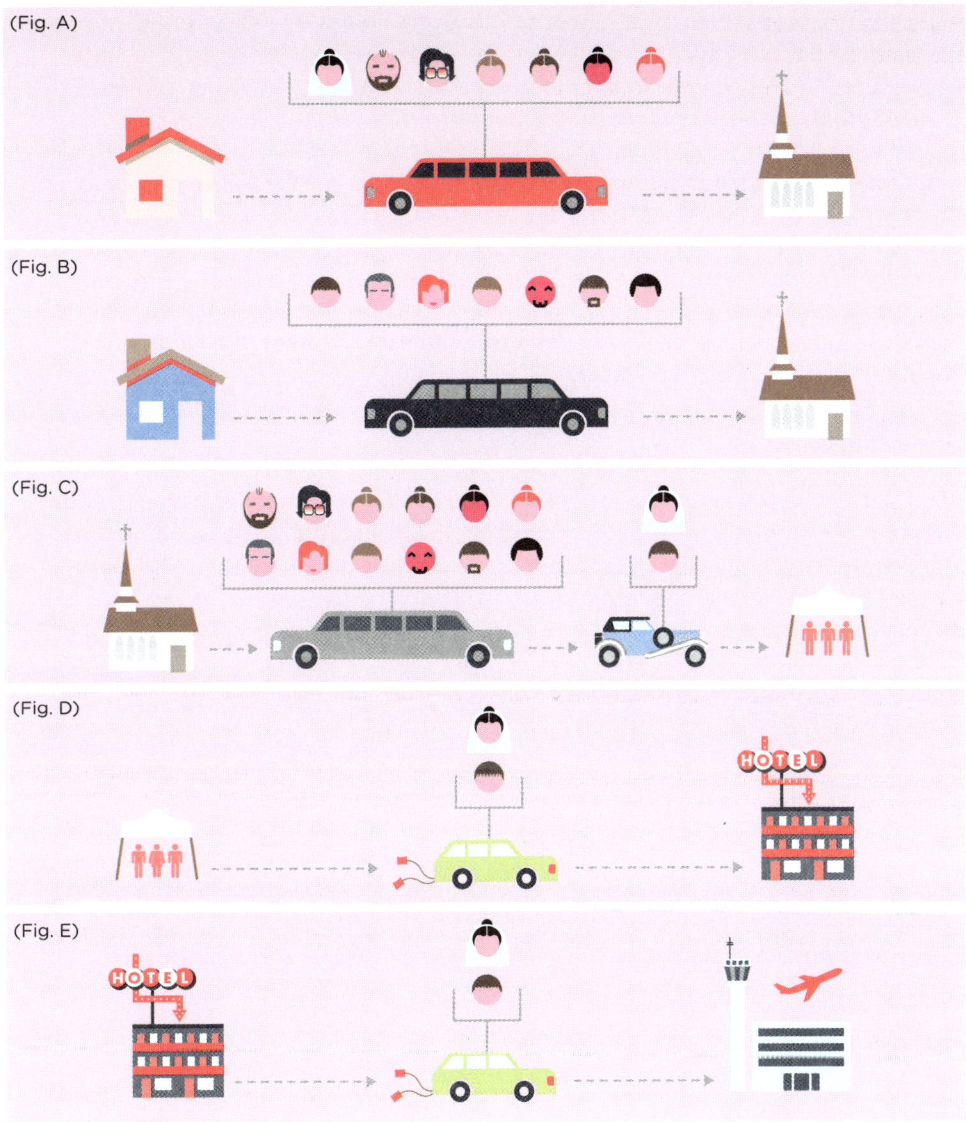

Voici les principaux trajets que vous devrez organiser pour vos invités :

- De l'hôtel à la cérémonie.
- De la cérémonie à l'hôtel, puis de l'hôtel au lieu de réception s'il y a une pause avant la réception, ou directement de la cérémonie au lieu de réception.
- De la réception à l'hôtel où les invités séjournent.

Prendre soin des invités qui viennent de loin

Pour une poignée d'invités au moins, la réception de votre invitation signifiera non seulement de renvoyer la carte-réponse aimablement timbrée, mais de réserver des vols coûteux, une voiture et une chambre d'hôtel. Pour couronner le tout, ils achèteront un joli cadeau et seront peut-être obligés de prendre des jours de congé si les horaires d'avion ne leur laissent pas le choix.
Alors, puisque vous les avez invités, qu'ils ont accepté de venir, nous pouvons supposer que vous les aimez et qu'ils vous aiment et que, évidemment, ils sont heureux de faire tout cela. Cependant, il reste bien des choses à régler. La meilleure façon de leur montrer à quel point vous appréciez leurs efforts pour participer à ce grand événement de votre vie est de les traiter avec élégance au cours de leur séjour, de leur procurer tout ce qui facilitera leurs mouvements et augmentera leur plaisir.

Les obligations

Pour l'essentiel, cela consiste à leur fournir des informations, des informations et encore des informations. Votre invitation doit comporter tous les renseignements utiles ou renvoyer vos invités vers des sites Web ou vers toute autre source où toutes les informations sont regroupées :

• Options de vols aériens ou de trains pour ceux qui viennent de loin (plus les tarifs de groupe que vous avez éventuellement recherchés), ainsi que les coordonnées des sociétés de location de voitures présentes à l'aéroport.

• L'itinéraire, pour ceux qui viennent des environs en voiture.

• Au moins deux options d'hôtel (trois est encore plus courtois), dans des gammes de prix différentes mais toujours à proximité du mariage. (N'oubliez pas de négocier un tarif préférentiel pour une réservation groupée. L'hôtel indiquera le tarif ainsi que la date à laquelle les invités doivent réserver pour en bénéficier.).

• Les transports, comme indiqué précédemment, entre les différents lieux des festivités, car vos invités préféreront peut-être ne pas louer de voiture.

• Le programme des réjouissances. Il est courtois d'inviter les personnes qui viennent de loin à toutes les festivités prénuptiales et au dîner de la veille. Le programme leur permettra de savoir où ils doivent être et quand, et d'organiser leur propre programme de loisirs en fonction.

Les gentillesses

Maintenant que vous avez informé vos invités dans les moindres détails et que vous leur avez fourni les options de transport et de gîte, vous avez rempli vos obligations de mariée invitante sur le plan technique. Mais soyons sérieux. Ne seriez-vous pas un peu vexée si vous aviez fait un long voyage et déboursé une somme coquette pour assister à un mariage de ne recevoir en retour qu'un programme des festivités ? Les boissons gratuites ne suffisent pas.
Quelques attentions supplémentaires peuvent transformer ce week-end de mariage en minivacances. Envisagez quelques-unes de ces possibilités :

La corbeille de bienvenue

Imaginez-vous atterrir, après un long vol, dans une chambre d'hôtel en sachant que vous disposez d'une heure avant la cérémonie pour être impeccable, fraîche et dispose, et surprise ! vous trouvez un panier, un sac ou une corbeille de friandises au pied de votre lit. Vous vous sentez déjà un peu mieux, n'est-ce pas ? Les corbeilles de babioles sont un adorable geste d'accueil (il est difficile d'attendre chacun dans sa chambre avec une langue de belle-mère et un chapeau pointu) et de remerciement immédiat pour s'être déplacé. Vous pouvez y déposer :

• Des petites bouteilles d'eau (personnalisées au nom des mariés).

• Des ballotins de friandises.

• Des cachets pour soigner la gueule de bois.

• Des masques de sommeil contenant un gel rafraîchissant.

• Des biscuits à grignoter.

• Un petit guide touristique de vos boutiques, restaurants, centre de beauté préférés (pour les invitées qui n'ont pas eu le temps de s'offrir une séance de pédicure avant de sauter dans l'avion) et lieux à visiter, avec les coordonnées des personnes à contacter.

Contenu de la corbeille de bienvenue

1. Bouteille d'eau
2. Ballotin de friandises
3. Cachets pour la gueule de bois
4. Masque de sommeil
5. Biscuits
6. Petit guide touristique

Vos invités auront du temps libre et qui mieux que vous peut leur suggérer où le passer ? Indiquez également quelques spécialités locales : Berthillon à Paris, le kouglof à Strasbourg, etc. C'est le genre d'adresses qui emballera vos invités – et n'oubliez pas de leur faire savoir à quel point leur présence vous enthousiasme.

Les animations facultatives

Comme nous l'avons dit plus tôt, il est de tradition de recevoir les invités venus de loin au dîner de la veille ; mais que se passe-t-il s'il a lieu un vendredi soir et que de nombreux invités arrivent le jeudi (c'est surtout le cas si le mariage se déroule dans un lieu touristique et devient pour tous de petites vacances) ? Organisez une petite réception de bienvenue dans votre restaurant favori. Vous n'êtes pas obligée d'inviter tout le monde à dîner, mais vous offrirez les boissons et les amuse-gueules. Si vous avez choisi un cadre tropical pour votre mariage, pourquoi ne pas prévoir une sortie en mer au coucher de soleil ? Occasion idéale pour que les participants fassent connaissance et pour créer une ambiance festive. Vous pouvez même envisager d'autres sorties selon la durée du séjour des uns et des autres - par exemple, des parties de bowling ou de golf, ou bien le tour des boutiques. Ces activités sont bien sûr complètement facultatives - vous n'êtes pas dans une colonie de vacances -, mais vous vous apercevrez que vos invités, qui ne connaissent pas votre région et n'ont pas planifié d'excursions, apprécient qu'on leur propose des activités.

Cadeaux pour tout le monde

Votre mariage n'est pas seulement une occasion de recevoir, mais aussi une superbe occasion de donner. Même si vous et votre mari financez complètement ce mariage (mais plus encore si ce n'est pas le cas), ce jour est le moment idéal pour remercier de leur présence ceux qui vous sont chers :

- **Vos parents,** pour avoir soigné vos genoux écorchés quand vous étiez petite ; pour les frais de scolarité ; et d'être vos parents.
- **Vos amies,** pour vous avoir réconfortée quand cet horrible garçon a rompu avec vous en CM2, à l'heure du déjeuner, devant tout le monde ; pour vous avoir soutenue alors que vous titubiez quelque peu à la fin de votre première soirée étudiante ; et pour être vos témoins aujourd'hui.
- **Vos prestataires,** qui ont travaillé sans relâche la nuit précédant votre mariage pour que tout soit parfait et qui n'ont pas semblé outrés quand vous avez modifié le menu pour la quatrième fois et remplacé le loup par de la langouste grillée.

Tous ceux qui vous ont accompagnée méritent vos remerciements et, si vous en avez les moyens, un petit cadeau. Libre à vous de remettre les chèques-cadeaux à chaque bénéficiaire au moment qui vous paraît le plus approprié, mais le dîner de répétition est un moment idéal pour les offrir à la famille et aux amis proches. Levez-vous simplement et expliquez à chaque personne ce qu'elle a représenté à vos yeux au fil des ans, et offrez votre cadeau. Dans la section suivante, nous allons également aborder les cadeaux que vous allez échanger avec votre fiancé, ainsi que les souvenirs, essentiels, destinés à vos invités.

Vos parents

Cher Papa, chère Maman. Ils ont supporté bien des choses et en ont payé beaucoup au long de toutes ces années. Il est temps de leur dire un grand merci

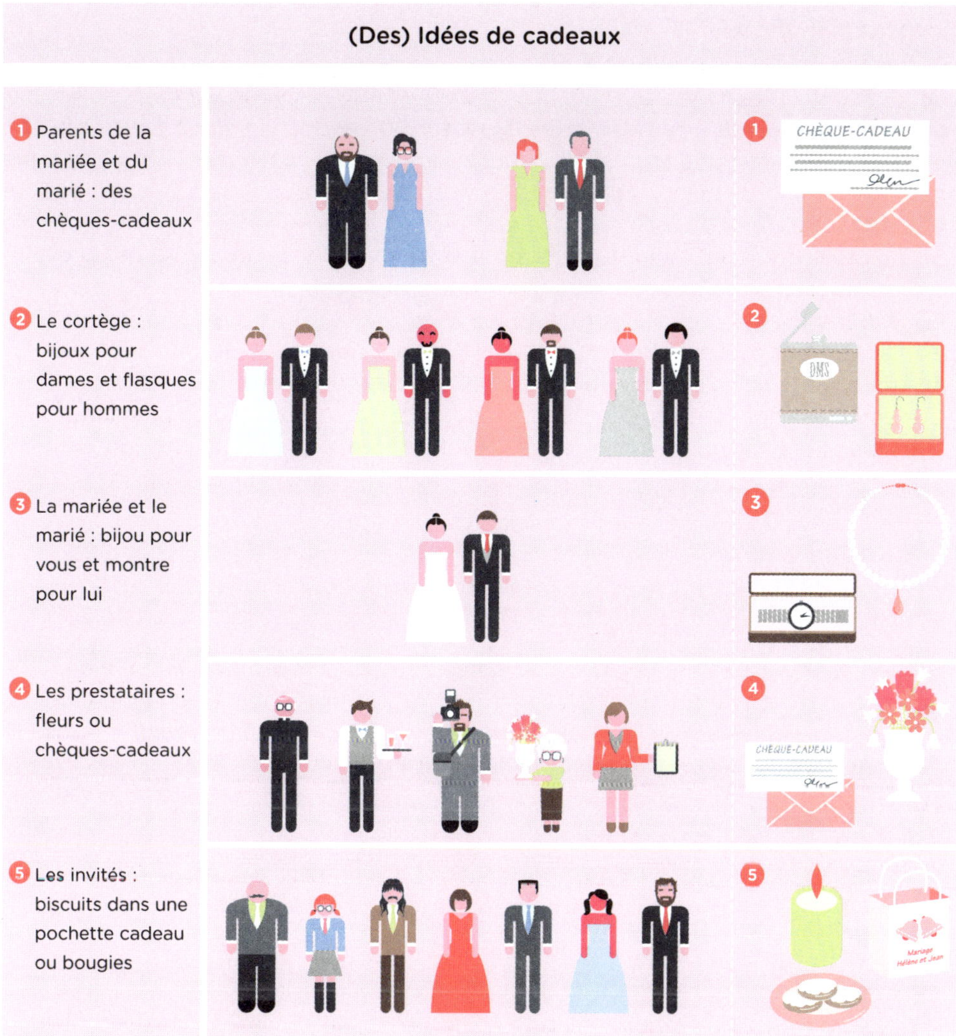

pour tout. Offrez-leur quelque chose qu'ils aimeront et utiliseront vraiment – n'attrapez pas les deux plus jolies flûtes à champagne sur le premier rayon de la boutique de décoration en vous disant que ça suffit. Choisissez un joli cadre en argent et une belle photo de vous et votre fiancé, ou une photo de vous deux et de vos parents. Écrivez une lettre délicate et sincère et glissez dans l'enveloppe un chèque-cadeau pour leur auberge préférée dans la région.

Quoi que vous fassiez, veillez à offrir la même chose, ou au moins quelque chose d'équivalent, aux deux couples de parents. Même si vos parents ont financé l'intégralité du mariage, il est impensable de leur offrir une croisière de dix jours et d'offrir un joli vase à vos futurs beaux-parents. Prenez le temps également d'offrir quelque chose de personnel ; ils sauront ainsi à quel point vous leur êtes reconnaissante de tout ce qu'ils ont fait pour vous toute leur vie.

Le cortège de noce

Ce n'est certainement pas la première fois que vous faites du shopping pour vos amies (mais c'est peut-être une première pour votre fiancé vis-à-vis de ses copains). Cette fois, cependant, vous n'allez pas offrir à votre meilleure amie le pull sur lequel elle louche ; vous allez lui acheter quelque chose pour la remercier d'avoir été là quand vous étiez des petites filles avec des nattes, quand vous êtes devenues des jeunes femmes et, aujourd'hui, alors que vous prononcez vos vœux de mariage.

Une tradition courante consiste à offrir à chaque témoin fille le bijou qu'elle portera le jour du mariage, soit le même pour toutes, soit un bijou qui plaira particulièrement à chacune (tout en étant en parfaite harmonie avec les robes de noce, évidemment). Vous pouvez également opter pour une photo encadrée de votre couple, un album retraçant l'histoire de votre amitié, un sac fourre-tout avec monogramme qu'elle conservera longtemps ou un chèque-cadeau (pour deux personnes) pour son restaurant favori. Il n'y a pas de règle en la matière ; assurez-vous seulement que votre cadeau traduise ce que vous ressentez.

En ce qui concerne les amis de votre fiancé, il y a toujours la liste classique des cadeaux standard qui fonctionnent bien - comme les boutons de manchette et les flasques - mais il peut aussi tous les inviter à un match de foot ou à une autre sortie sportive. Le chèque-cadeau pour un restaurant s'applique aussi aux témoins garçons.

L'un à l'autre

Vous offrir réciproquement des cadeaux le jour de votre mariage n'est pas obligatoire car - regardons les choses en face - cette journée, vos alliances et tout le bonheur à venir, voilà le vrai cadeau que vous vous faites. Mais, souvent, les couples aiment échanger le jour de leur mariage des présents qui garderont une valeur sentimentale inégalable.

Il est de tradition que des « messagers » offrent les cadeaux en votre nom le matin du mariage, pendant que vous vous préparez loin de votre fiancé, avant la grande révélation devant l'autel ; le cadeau est souvent accompagné d'une lettre (re)proclamant votre amour. Cela vous paraît « cucul la praline » ? Peut-être maintenant - mais imaginez-vous assise au pied de votre lit, dans votre robe somptueuse, en train de lire cette lettre manuscrite (qui accompagnait un ravissant bijou) vous disant qu'il meurt d'impatience de commencer sa vie avec vous ; vous serez sans doute heureuse d'avoir opté pour le cadeau. Il n'y a pas de règle, mais une montre de la part de la fiancée et un bijou de la part du fiancé sont des traditions qui ne se discutent pas vraiment.

Les prestataires

En ce qui concerne les prestataires, le choix de ceux à qui vous ferez un cadeau de remerciement vous appartient entièrement. Si le service a été parfait, vous pouvez rédiger une note élogieuse et explicite que le prestataire affichera sur son site Web en témoignage de votre satisfaction. Cependant, si un prestataire ou deux, peut-être votre wedding planner ou votre fleuriste, ont étroitement collaboré et dépassé ce que vous considérez comme leur fonction, envoyez-leur une belle composition florale (sauf au fleuriste, bien entendu) ou un chèque-cadeau pour un restaurant. Ils seront touchés par votre délicatesse, mais il est simplement normal de reconnaître leurs efforts.

Les invités

C'est un aspect de l'organisation du mariage qui a tendance à passer aux oubliettes, mais vous souhaiterez sûrement remercier vos invités d'être venus assister à votre mariage. Placez un petit souvenir soit à leur place, soit sur une table où ils pourront le prendre en partant.

- Réfléchissez à un objet pratique. S'il vous paraît charmant de faire une compilation des chansons préférées de votre chéri et vous, pensez que tout le monde n'est pas fou de Ayo ou de U2 et que votre CD n'aura peut-être pas le succès escompté. Idem pour le petit cadre en argent gravé à votre date de mariage. Malgré toute leur affection pour vous, il est douteux qu'ils l'exposent chez eux et la gravure les empêchera de le réutiliser.
- Essayez de trouver quelque chose qui convient à tout le monde, sans distinction d'âge ou de sexe. Par exemple, emballez une petite bougie parfumée à la vanille dans un sachet en tulle avec une étiquette personnalisée disant : « Merci d'être venus fêter notre mariage avec nous ! Tendresses, Hélène et Jean. » Ou procurez-vous des biscuits en forme de pièce montée. Toutes les gourmandises sont remarquées, appréciées et partent en un clin d'œil.

Encore une liste : la vôtre

Parlons des cadeaux. À un stade de l'organisation du mariage, vous allez devoir enregistrer votre liste de cadeaux dans les magasins. Pensez à tout ce que vous avez toujours rêvé d'avoir dans votre maison à vous (des verres à vin sans pied ! du linge de maison Frette ! une trancheuse de tomates !). Si ce procédé vous semble un peu honteux, ne vous inquiétez pas. Voyez les choses sous cet angle : vous sauriez quoi offrir à votre sœur et à votre meilleure amie pour leur mariage, et probablement à quelques autres proches. Vous pourriez même choisir leur vaisselle en porcelaine.

Mais les autres ? Vous savez comme vous êtes stressée quand vous n'avez aucune idée de ce qui ferait plaisir à quelqu'un pour son anniversaire ou pour Noël. C'est ce que vont ressentir la majorité de vos invités quand ils vont devoir choisir un cadeau sans savoir ce dont vous avez envie ou besoin. Une liste de mariage n'est pas seulement la garantie de recevoir au moins le genre de choses que vous aimez/voulez/devez avoir dans la maison, elle enlève également un gros poids à vos invités. Donc, ne vous inquiétez pas - manier un lecteur de codes-barres avec frénésie n'est pas un signe de démence chez la future mariée.

Le dépôt de la liste de mariage est quelque chose que vous devriez faire au moins six mois à l'avance. Vous laisserez ainsi le temps à vos amis de passer en revue les magasins et les articles que vous avez choisis et d'organiser une soirée cadeaux surprise.

• Discutez avec votre futur mari et mettez-vous d'accord sur le style (êtes-vous classiques ou décontractés ? Quelles sont les couleurs que vous aimez tous les deux ?), puis courez les magasins.

• Vous serez intéressés par la vaisselle et les ustensiles de cuisine, le linge, la porcelaine et peut-être même par le mobilier ou l'électronique. Vous pourrez sans doute regrouper le tout dans trois magasins, mais aucune règle ne limite le nombre de magasins que vous sélectionnerez.

• La nouvelle que vous avez déposé une liste se répandra seulement après qu'un million de personnes auront posé la question. Votre témoin fera passer le mot à temps pour votre soirée de remise de cadeaux et tout ira bien (Vous le savez bien, mais non, vous ne joignez pas cette information à votre faire-part.).

• Et si vous emmeniez votre fiancé faire du shopping avec le sourire ? C'est votre rôle.

Liste de mariage de base

Voici les grandes catégories généralement choisies.

Porcelaine/Ménagère/Verrerie

- Assiettes
- Soucoupes
- Tasses
- Ménagère cinq pièces
- Soda
- Vin
- Cocktail

Ustensiles de cuisine

- Cafetière
- Grille-pain
- Robot

Linge

- Literie
- Draps de bain
- Serviettes de toilette
- Peignoirs avec monogramme

Électronique

- Caméscope DVD
- Lecteur DVD portable
- Appareil photo numérique

LIBERTÉ EGALITÉ FRATERNITÉ

CHAPITRE 8

La cérémonie

La mise au point de la réception et tout ce qui l'accompagne – le plaisir mais aussi le stress des recherches et l'organisation – ferait presque passer celle de la cérémonie au second plan. Mais il s'agit quand même du moment de la journée où vous allez vraiment devenir mari et femme. C'est là que vous échangez vos vœux, que vous vous approchez et que vous parlez l'un à l'autre pour la première fois en tant que couple marié, et il n'y a pas un seul œil sec parmi l'assistance. Vous devez apporter le même soin à l'organisation de la cérémonie qu'à la logistique de votre journée, mais avec un objectif supplémentaire : créer un moment où vous serez vraiment « présente ». Savourant l'amour de votre compagnon, entourée des êtres que vous aimez le plus, vous allez franchir une étape capitale dans votre vie.

Associer Dieu ou pas ?

Il est très vraisemblable qu'au moment où vous avez décidé que votre compagnon était la personne avec qui vous vouliez passer le reste de votre vie, vous saviez déjà en gros si vous alliez organiser une cérémonie religieuse. Mais si vous n'êtes pas complètement sûre de ce qui vous convient le mieux en tant que couple, posez-vous quelques questions :

- Êtes-vous croyant, vous ou votre fiancé ? Vos convictions sont-elles assez fortes pour que vous souhaitiez prononcer vos vœux dans un cadre religieux ?
- Votre famille proche tient-elle à une cérémonie religieuse ?
- Avez-vous l'intention d'élever votre famille dans un foyer croyant ?
- L'idée d'une cérémonie religieuse éveille-t-elle en vous (dans un sens comme dans l'autre) des sentiments forts ?
- Vous et votre fiancé préféreriez-vous une cérémonie civile, plus rapide, simple et intime, suivie d'une grande fête pour le reste de la famille et des amis ?
- Pour des raisons de calendrier, est-il plus raisonnable d'organiser uniquement une cérémonie civile ?

Une fois que vous avez déterminé les grandes orientations, le reste est assez rapide à mettre en place.

Les cérémonies religieuses

Pour organiser une cérémonie religieuse, vous allez devoir comprendre (si ce n'est déjà fait) les diverses exigences et restrictions ou règles qui gouvernent de tels événements, car ces questions vont avoir une influence directe sur le lieu où elle se déroulera.
Quelques exemples :

- Si vous et votre fiancé êtes catholiques, vous pouvez exclure une cérémonie sur une plage au soleil couchant. Un prêtre catholique célèbre une cérémonie exclusivement dans une église.
- Si vous êtes catholique et que votre fiancé ne l'est pas, vous devez savoir si sa pratique religieuse admet une cérémonie hors église ; votre prêtre peut alors être présent et prononcer une bénédiction alors que l'autre officiant officie.

LA CÉRÉMONIE DE MARIAGE

Ce tableau indique le placement traditionnel et l'ordre d'entrée de chacun.

Ordre d'entrée

1. Grands-parents du marié
2. Grands-parents de la mariée
3. Parents du marié
4. Mère de la mariée
5. Officiant*
6. Marié
7. Témoins garçons escortant les témoins filles
8. Le témoin garçon escorte la jeune fille témoin : ils apportent les alliances et restent à côté de la mariée et du marié.
9. Le porteur d'alliance (qui apporte une fausse alliance) et la semeuse de pétales. Asseyez-les immédiatement à côté de la famille.
10. Le père de la mariée escorte la mariée.

*L'officiant préside la cérémonie. Illustration : prêtre catholique

• Êtes-vous tous les deux juifs ? Si oui, rappelez-vous que votre rabbin ne commencera pas la cérémonie de mariage avant le coucher du soleil un samedi. Si cela pose un problème, vous devriez commencer par vous renseigner sur les disponibilités des lieux de réception le dimanche.

Veillez à ce que tout le monde soit bien informé (le prêtre, le pasteur ou autre officiant) afin que tout soit clair avant que vous ne vous engagiez. Rappelez-vous que :

• Tout comme pour votre lieu de réception, vous allez devoir réserver des dates, négocier et vous inscrire à différents endroits avant d'être tirée d'affaire (vous ne pouvez pas escompter que, parce qu'il s'agit d'un lieu de culte, il n'y a pas de papiers à signer ou d'argent à dépenser).

• Vous devez vérifier l'existence de règles spécifiques à votre église, synagogue ou autre lieu de cérémonie. Certains ont des codes vestimentaires ou autres restrictions - les invités ne sont pas toujours autorisés à faire des bulles avec leur chewing-gum en raison du film collant qui risque de se déposer sur les parquets, etc. Vous devez connaître tous les détails avant de signer.

Trouver un officiant

Si vous n'avez pas de prêtre ou rabbin ou pasteur (ou autre officiant) personnel, dont vous avez toujours su qu'il vous déclarerait mari et femme (et ne vous inquiétez pas, beaucoup de gens sont aussi démunis que vous), commencez à en parler autour de vous.

• Demandez à vos amis et parents mariés s'ils connaissent et apprécient un officiant qu'ils vous recommanderaient, ou s'ils ont assisté à un mariage célébré par une personne formidable.

• Si vous fréquentez un lieu de culte, prenez un rendez-vous avec l'officiant.

• Apprenez à le connaître ; il est important que vous vous sentiez à l'aise et que vous soyez sur la même longueur d'onde. Rien n'est plus touchant qu'une cérémonie où l'officiant connaît vraiment les jeunes mariés. Après tout, c'est lui qui dirige le spectacle.

N'hésitez pas à lui poser des questions comme à tout autre prestataire de services. En dehors des règles imposées par la cérémonie, demandez-lui :

• S'il exige une préparation au mariage. Si oui, combien y aura-t-il de réunions ?

• S'il accepte que vous rédigiez vous-même vos vœux ou si vous devez vous cantonner aux textes traditionnels ?

• S'il doit effectuer un déplacement, selon quelles modalités souhaite-t-il que vous couvriez les frais ?

• Si vous devez payer ou faire un don à la congrégation de l'officiant, quel montant devez-vous prévoir ?

Une fois que vous avez fixé la date de la cérémonie religieuse, vous n'avez pas une grande marge de manœuvre sur les détails. Il est prudent de répéter toute la cérémonie, de A à Z, avec l'officiant pour vous assurer que vous êtes tous les trois d'accord sur ce qui doit se passer, quand et comment.

• Vérifiez que vous comprenez le rituel imposé par votre religion et discutez de ce qui peut être personnalisé dans les traditions susceptibles d'interprétation.

• Discutez du choix de la musique accompagnant la procession.

• Passez en revue les détails de la procession. Au cas où vos parents seraient divorcés, vous souhaitez peut-être que les deux - et éventuellement leurs conjoint(e)s que vous connaissez et aimez depuis vingt ans - vous accompagnent à l'autel.

• Parlez de vos vœux, c'est ainsi que vous trouverez la meilleure façon de les structurer.

• Passez en revue les bénédictions ou touches personnelles que vous souhaiteriez ajouter à la cérémonie. Vous voulez peut-être supprimer l'étape où l'assistance est priée de déclarer si elle a connaissance d'un motif d'empêchement du mariage et proposer à la place aux invités de se lever et d'offrir une bénédiction, une prière ou simplement de bons vœux.

• N'oubliez pas de vous renseigner sur tous les papiers requis. Votre officiant peut vous orienter dans vos démarches pour obtenir votre certificat de publication des bans. Lors de vos rendez-vous avec l'officiant, vous serez amenés à lui remettre certains papiers. Pour le mariage catholique, vous devez fournir :
- un extrait d'acte de naissance pour chacun ;
- un certificat de baptême pour chacun, à réclamer auprès de la paroisse du baptême ;
- une déclaration d'intention que le prêtre vous fera remplir et signer ;
- les coordonnées des témoins ;
- le certificat de mariage civil (le mariage religieux ne peut avoir lieu avant le passage à la mairie).

Après l'approbation du dossier par l'évêque, les bans sont publiés à la porte de l'église pendant les dix jours précédant la cérémonie.

Parole d'expert

Si vous et votre fiancé envisagez un mariage mixte qui unit deux religions et/ou deux cultures, vous serez peut-être amenés à choisir chacun votre officiant. Ayez un entretien approfondi avec ces officiants pour être sûrs qu'ils se sentent à l'aise dans leur rôle de « co-officiant ». Il est également crucial qu'ils se rencontrent avant le grand jour. Vous aurez besoin de leur aide pour associer des traditions et des rituels différents – et probablement des lectures, de la musique et des bénédictions – dans une harmonie parfaite, ce qui est moins simple qu'il n'y paraît. Vous devrez vous assurer que cet entrelacement est acceptable par les deux religions et qu'il comprend les éléments essentiels à chaque tradition.

Les mariages civils

Les cérémonies civiles

Il y a une foule de raisons pour lesquelles vous et votre futur époux pouvez choisir uniquement une cérémonie civile et toutes ne partent pas du postulat que vous êtes tous les deux athées.

• Vous êtes peut-être tombés amoureux sur une île lointaine et sauvage et vous n'avez aucune envie de vous occuper de toute la paperasserie et toutes les complications qu'exige votre Église.

• Peut-être la religion est-elle importante pour vous deux, mais vous préférez éviter les complications d'une cérémonie interconfessionnelle.

• Ou vous n'êtes tout simplement pas entrés dans toutes ces histoires protocolaires et une cérémonie rapide vous suffit amplement.

Quelles que soient vos raisons, évitez deux idées fausses à propos d'une cérémonie civile :

1. L'absence de cérémonie religieuse ne signifie pas que vous devez vous passer de fleurs et de tout le reste. Vous ne vous retrouverez certainement pas en tête à tête avec votre fiancé et un bouquet de roses à la pâtisserie du coin après un bref passage dans le bureau 415 de la mairie !

2. Sous prétexte qu'il s'agit d'une cérémonie civile, ne vous imaginez pas que vous aurez moins de travail de préparatifs et de logistique : les règles administratives s'appliquent et vous devez planifier, publier les bans, prendre des rendez-vous, remplir des dossiers, voire choisir l'officier d'état civil.

Si vous avez la chance de vous marier dans une petite commune où vous avez des attaches, demandez à rencontrer l'officier d'état civil qui vous mariera et informez-le de la façon dont vous souhaitez que la cérémonie se déroule, des touches personnelles que vous voulez y ajouter. Encore une fois, civil signifie uniquement absence de religion ; il est envisageable de répondre à certains de vos souhaits.

Le dîner de répétition

Le dîner de répétition se déroule la veille du mariage (Vous avez bien lu : non, les enterrements de vie de célibataire n'ont pas lieu ce soir-là.). C'est l'occasion pour vous, votre famille et les témoins de répéter la cérémonie, quelle qu'elle soit, puis de fêter ensuite l'événement avec un dîner sympathique (et des toasts, des toasts et encore des toasts). Le moment est idéal pour offrir les cadeaux que vous avez choisis à ceux que vous aimez (voir p. 92) ; ce dîner permet également à vos proches de prononcer les discours ou toasts les plus embarrassants, et autres (et de ne pas le faire pendant la cérémonie officielle).
Traditionnellement, ce dîner est offert par les parents du marié. Souvent, les beaux-parents sont heureux d'apporter cette contribution aux festivités. Traditionnellement aussi, la réunion est limitée aux parents des mariés, aux témoins, ainsi qu'à quelques membres de la famille et amis très proches qui sont venus de loin ; l'objectif n'est pas d'effectuer un mini-mariage. Vous boirez quelques verres de vin et rirez un bon coup, mais tout le monde ira se coucher de bonne heure. Vous vous mariez demain !

CHAPITRE 9

Gérer les relations

L'organisation de votre mariage implique les gens qui vous sont les plus proches au monde : vos parents chéris (et ceux de votre fiancé qui vous seront bientôt chers s'ils ne le sont pas encore), votre famille, vos meilleurs amis et, évidemment, votre âme sœur/douce moitié/l'homme avec qui vous allez passer le reste de votre vie.

Vous pourriez penser au départ que ce groupe est celui avec lequel vous risquez le moins d'entrer en conflit permanent – et peut-être cela ne se produira-t-il pas. Mais vous risquez d'être surprise. Vous savez à quel point, quand vous êtes stressée ou de mauvaise humeur, vous êtes encline à vous en prendre à ceux qui vous sont le plus proches ; tout ça parce que, après tout, ils doivent continuer à vous aimer même quand vous êtes épouvantable. C'est ce qu'il va se passer pendant cette période et quand, en réalité, ce sont ces mêmes personnes qui provoquent votre stress et votre mauvaise humeur, vous allez peut-être ressentir le besoin de prendre un peu de recul. Voici les cas où la tension atteindra son apogée. Considérez ce chapitre comme un guide des relations embrouillées et des astuces pour les débrouiller sans que quiconque perde son calme.

Vous + votre fiancé

Jusqu'à présent, vous et votre petit ami aviez un rythme assez agréable. Vous alliez travailler et échangiez quelques courriels pour savoir comment se passait la journée de l'autre. Vous rentriez dans votre petit nid puis vous alliez dîner, faire une balade, voir un film, retrouver des amis ou faire ce que fait n'importe quel couple de fiancés. Vous passiez vos week-ends à lire les journaux en buvant un café, à vous relaxer, à vous ressourcer et à avoir des activités.

Maintenant, vous et votre fiancé allez avoir du travail supplémentaire. Vous lui envoyez trois courriels avant midi pour lui rappeler que vous avez rendez-vous avec le fleuriste en sortant du bureau. Il doit donc quitter son travail quelques minutes plus tôt pour que vous vous précipitiez ensemble à ce rendez-vous ; et là, il prend un air effaré devant votre désir profond de décorer d'orchidées le moindre recoin de la salle de réception. Quand vous arrivez chez vous, le traiteur a envoyé le menu définitif et, quand il voit « bricks au chèvre et aux champignons », imprimé noir sur blanc, il renie son accord sous prétexte que c'est finalement un peu trop chichiteux. Et les week-ends ? Surchargés, bien sûr. Et – oui, vous avez deviné – pas de moments relaxants et conviviaux, mais des rendez-vous, des courses ayant trait au mariage et de grandes prises de décisions.

Le tableau est peut-être un peu exagéré, mais vous avez saisi l'idée générale. Tout d'un coup, il y a cette *chose* énorme qui n'existait pas auparavant dans votre relation. Et ce n'est pas une petite chose – un mariage apporte des émotions fortes, intenses, tournant autour de sujets sensibles : la famille, l'argent et le jour le plus important de votre vie. Tout d'un coup, vous devez vous concerter sans cesse pour prendre toutes sortes de décisions et quand vous n'êtes pas d'accord, vous vous chamaillez. Et les chamailleries mènent parfois aux disputes, et les disputes aux questionnements.

Si vous vous reconnaissez dans ce tableau, détendez-vous. C'est normal. Cela arrive. Et puisque vous en êtes consciente, profitez de ce moment de lucidité. Il est probable que vous réaliserez que vous avez besoin d'une pause après avoir

tourné en rond pendant des heures à propos de la chanson que vous voulez pour votre entrée dans la salle de réception et que votre vie, vos conversations et votre relation ne doivent pas être axées en permanence sur les préparatifs de votre mariage.
Faites une pause : offrez-vous une soirée où la moindre allusion au grand jour sera interdite. Ou un week-end entier. Ne pas parler du tout du mariage pendant un moment vous ramènera au climat habituel de votre relation. Vous allez rapidement vous rappeler pourquoi vous épousez cette personne.

À quelle catégorie appartient votre fiancé ?

En dehors des chamailleries liées au mariage, votre fiancé va peut-être afficher des comportements qui vous donneront envie de l'étrangler. La plupart de ces comportements peuvent entrer dans les deux catégories suivantes :

À QUELLE CATÉGORIE APPARTIENT VOTRE FIANCÉ ?

Certains fiancés ne font pas grand-chose et d'autres en font trop.

Catégorie A - Fiancé qui ne fait rien

1. Acquiesce sans réfléchir à tout ce que vous dites
2. Est en retard à tous les rendez-vous de préparation du mariage
3. Refuse de s'asseoir avec vous et de s'intéresser aux listes

Catégorie B - Fiancé qui en fait trop

4. Pinaille sur tous les détails
5. Vous empoisonne au sujet de votre liste de choses à faire
6. Perd trop de temps à choisir son costume et celui de ses témoins

Catégorie A - Il en fait le moins possible

- Il acquiesce à tout ce que vous dites - une bière dans la main droite, la télécommande dans l'autre, impassible, les yeux fixés sur le match -, du ton le plus indifférent que vous ayez sans doute jamais entendu.
- Il est en retard à tous les rendez-vous.
- Il est peu disposé à s'asseoir à côté de vous pour discuter de telle ou telle liste, et cela commence à vous fatiguer.

Que faire ? Essayez de trouver un sujet qui ne lui paraît pas épouvantablement pénible et qui, par conséquent, ne sera pas pénible pour vous quand vous essaierez de l'impliquer. Si vous avez déjà décidé ensemble de passer votre lune de miel sur une plage tropicale et qu'il aime voyager, demandez-lui de se renseigner sur diverses destinations, sur les hôtels et les forfaits « lune de miel ». Ainsi, quelque chose qui doit absolument être fait sera fait ; et il ne pourra pas râler à ce sujet et augmenter votre stress qui monte déjà.

Catégorie B - Son côté « fée du foyer » se révèle

- Vous vous attendiez à un fiancé de catégorie A, mais tout à coup il s'exprime sur la nuance exacte du bleu que lui imagine pour le fondant du gâteau.
- Soudain, il vous pose des questions insistantes sur ce que vous avez ou n'avez pas encore fait.
- Il accorde un temps excessif au choix de son smoking et du costume de cérémonie des témoins ; il fait de savantes comparaisons entre les diverses coupes et longueurs de queue-de-pie, ce qui vous empêche de rayer cette mention sur votre liste.

Vous pensiez que vous pourriez survoler les choses ensemble sans lui demander son avis sur tout ce que vous signez ? Tout d'abord, il s'intéresse ! Si vous ronchonnez trop à ce sujet, nombre de fiancées prendront leur tour pour venir vous gifler. Soyez heureuse, chaleureuse et attendrie que votre bien-aimé veuille dire son mot - et, toujours gentiment, s'il commence à vous embêter un peu, trouvez-lui une mission.

- Choisissez une tâche dont vous êtes sûre qu'il la remplira parfaitement et passez la main. Mais passez vraiment la main - laissez-lui l'entière responsabilité et ne l'enquiquinez pas.
- Demandez-lui de choisir le groupe musical, laissez-le restreindre le choix puis vous inviter à rencontrer ses trois préférés.
- Il vous faudra retenir au moins deux hôtels pour les invités venus de loin. Laissez-le chercher les bonnes adresses, se renseigner sur les prix, réserver les chambres et contentez-vous de récupérer les informations quand il faudra imprimer les faire-part.

Sincèrement, c'est merveilleux qu'il veuille être impliqué. Laissez-le faire.

Vous + vos témoins

Ce sont vos meilleures amies. Vos sœurs. Les sœurs de votre fiancé. Les cousines et anciennes camarades de chambre qui vous sont les plus proches. Elles ne peuvent pas vous causer de maux de tête ou de stress pendant les mois les plus heureux de votre vie, n'est-ce pas ?

PROBLÈMES AVEC LES TÉMOINS

Si le comportement d'un témoin menace de gâcher votre grand jour, n'hésitez pas à l'envoyer balader.

Problèmes potentiels avec les témoins

1. Absence lors des festivités et des réunions de témoins programmées
2. Refus de régler des frais (robe, voyage, etc.)
3. Comportement inapproprié lors de la cérémonie de fiançailles
4. Refus de respecter le code vestimentaire

Réfléchissez bien. Même si vous les aimez de tout votre cœur, elles sont aussi probablement plusieurs à savoir comment vous faire sortir de vos gonds et a avoir une étrange capacité à vous irriter. Examinez ces deux scénarios :

- Votre meilleure amie s'extasie sur la robe que vous avez choisie pour elle mais, à voir son regard en coin, vous savez qu'elle préférerait vraiment essayer la robe dos nu bleu marine. Est-ce que cela mérite un affrontement, dans un accès de frustration alors que la couturière prend ses mesures ? Probablement pas.

- Votre meilleure amie s'extasie sur la robe que vous avez choisie pour elle. Vous faites un tour dans le magasin et elle ressort de la cabine vêtue de la robe dos nu bleu marine ; elle vous précise que ce n'est qu'une suggestion (au cas où le regard en coin n'aurait pas suffisamment exprimé sa préférence). Est-ce que cela mérite un affrontement ? Disons que, dans ce type de situation, vous ne devez pas hésiter à affirmer, gentiment mais fermement, votre statut de mariée et à déclarer que c'est votre choix qui prime.

Quel que soit le moment où un sujet de querelle se présente, vous allez devoir vous demander ce qui mérite la bagarre ou pas. Vous connaissez parfaitement ces personnes et les problèmes qu'elles peuvent poser ; vous saurez parfaitement vous y prendre avec elles.

Avant même de lui proposer d'être votre témoin, vous savez quelle amie va rechigner devant certaines dépenses. Si des motifs légitimes justifient ses réticences, proposez-lui votre aide d'emblée. Dites-lui que vous connaissez le prix d'une robe de témoin et que cette robe sera votre cadeau. Le geste est joli et lui prouvera que vous souhaitez vraiment sa présence dans votre noce. Car vous auriez sans doute entendu pas mal de jérémiades avant de vous demander si l'horreur de la dépense était supérieure au désir de vous accompagner le jour J.

Renvoyer votre témoin

Si toutes les tentatives pour éviter les chamailleries stupides échouent et si toutes les conversations calmes et adultes n'arrangent pas les problèmes quels qu'ils soient, pouvez-vous renvoyer votre témoin ?
Cela relève de votre appréciation personnelle mais, à moins que vous ne vouliez perdre son amitié sous prétexte de son abominable prestation de témoin, vous devriez faire de votre mieux pour ne pas la renvoyer. Cependant, si vous avez l'impression qu'elle regrette d'avoir accepté ce rôle tout comme vous vous demandez pourquoi vous lui avez proposé, facilitez sa sortie :

- Ayez une conversation avec elle sur la difficulté d'être votre témoin.
- Laissez-la s'exprimer sur ce qui lui pose un problème : le coût, le voyage.
- Il y a toutes les chances pour que vous tombiez d'accord et que vous arriviez ensemble à la conclusion qu'elle ne devrait pas être votre témoin.

Finalement, il est toujours bon de parler. Vous ne réalisiez peut-être pas que la séparation douloureuse qu'elle a vécue six mois avant vos fiançailles remonte inopinément à la surface et provoque tristesse, jalousie ou panique à l'approche de votre mariage. Elle a peut-être eu récemment des problèmes financiers qu'elle a gardés pour elle. Rappelez-vous qu'elle est toujours votre amie (ou sœur, ou cousine…). Il n'y a pas de raison que ce ne soit plus le cas après votre « oui ».

Vous + vos parents (des deux côtés)

Partons du principe que vous avez déjà vécu des conflits avec vos parents auparavant. De la colère que vous aviez l'habitude de piquer à chaque fois que vous vouliez une nouvelle poupée jusqu'à l'époque où vous avez ramené à la maison ce bon à rien de punk (une phase que vous avez traversée avant de le rencontrer), vous et vos parents en avez beaucoup vu.
D'un côté, c'est une bonne chose car cela signifie que, dans le tourbillon du mariage, vous n'allez rien découvrir que vous n'ayez déjà vécu, sous une forme ou une autre. Vous savez sans doute déjà que votre mère va se focaliser sur les corbeilles des centres de table et que votre père justifiera, n'importe comment, le prix ridiculement élevé du cabernet qui lui paraît indispensable pour accompagner le filet de bœuf, mais qu'il ronchonnera sur votre besoin de porter des chaussures décorées des mêmes paillettes de cristal que votre robe, déjà coûteuse.
Et puis il y a aussi les parents de votre fiancé. Ils peuvent engendrer toute une nouvelle panoplie de problèmes. Des problèmes avec lesquels vous n'avez pas

grandi - des problèmes auxquels vous ne vous attendiez pas ou dont vous ne soupçonniez même pas l'existence. Vous ne pouvez pas gérer vos beaux-parents comme vous manipulez vos parents. Et, comme nous l'avons déjà évoqué, un mariage est l'un des heureux événements de la vie qui met au jour les questions les plus propices à la discorde : famille, argent, l'envie de chacun de tout contrôler...

Présenter un front uni

Que vous vous attendiez ou non à voir la préparation de votre mariage se transformer en troisième guerre mondiale, il est prudent, avant, de discuter avec ses parents. Ces questions ont déjà été traitées dans les premiers chapitres, mais il est bon de rappeler ce sur quoi vous et votre fiancé vous êtes mis d'accord au début de la préparation.

1. L'ampleur et l'ambiance de la réception (complètement décontractée dans un restaurant ou dans le jardin, ou grande soirée dans une salle de réception).

2. La saison.

3. Le nombre de demoiselles et de garçons d'honneur.

4. Imaginez-vous une soirée somptueuse ou informelle ?

Et en ce qui concerne tous les sujets sur lesquels vous avez encore des incertitudes - ou toutes ces choses à venir dont vous savez que vous ne les devinez même pas encore -, soyez bien d'accord sur un point avec votre fiancé : vous êtes solidaires. N'acceptez rien (des parents ou des prestataires) sans avoir demandé l'avis de l'autre. Ainsi, si vos parents vous informent qu'ils ont déjà réservé trois dates au club où votre père joue au golf tous les dimanches alors que vous avez décidé de chercher une salle dans la ville où vous êtes tombés amoureux, vous pourrez répondre : « Non merci, Papa et Maman », mais il vous sera facile d'ajouter que vous en avez déjà discuté ensemble et que le club de golf n'est vraiment pas ce que vous envisagez.
La plupart du temps, vous serez agréablement surpris par leurs réactions. S'ils ne l'avaient pas encore réalisé, ce mariage imminent va probablement leur rappeler que vous êtes maintenant adultes et qu'ils doivent respecter vos souhaits, mûrement réfléchis et clairement formulés. Adoptez cette attitude, systématiquement, pendant toute la préparation et vous devriez ainsi arriver à négocier les bosses sans trop de casse.

Négocier avec vos parents

Bien, vous êtes dans cet état d'esprit : « Mes parents sont plutôt cool, tout va se passer en douceur. » Mais quand votre mère affirme que servir du poulet au dîner au lieu d'un poisson est la chose la moins chic qu'elle ait jamais vue, il devient clair qu'elle se préoccupe de ce que vont penser les gens de la réception qu'elle donne. Et, tout d'un coup, votre père semble mal à l'aise vis-à-vis de votre fiancé et commence à agir comme le père revêche et protecteur qu'il n'a jamais été en réalité.

Vos parents sont faillibles aussi, même si vous ne les avez jamais considérés sous cet angle, et le fait que vous vous mariez pourrait très bien les mettre dans tous leurs états de parents. Qu'ils se comportent d'une façon que vous aviez parfaitement prévue ou complètement inattendue, veillez à en parler avec eux. C'est la solution la plus simple pour prendre des décisions ensemble et juger si ces questions sont des bagatelles stupides ou de réelles préoccupations. Vous n'avez sûrement pas envie d'éruptions volcaniques de questions non résolues tout au long de votre merveilleuse journée de mariage. On ne sait jamais ce que peuvent déclencher une émotion intense et plusieurs coupes de champagne. Et mieux vaut continuer à se le demander.

Et puis il y a l'argent ! Si vos parents financent votre mariage - en partie ou en totalité -, cela ajoute un nouvel ingrédient à la recette. Vous pensez qu'il s'agit de votre mariage, donc c'est votre affaire. Ils pensent que les chèques portent leur signature, donc c'est leur affaire. Avant même de sonner à leur porte pour leur montrer le nouveau caillou à votre doigt, admettez que vous allez devoir faire des concessions.

Il faut impérativement adopter la meilleure attitude pour naviguer dans ce champ de mines.

• Le mieux est d'estimer ce qui compte le plus pour vous ; c'est ce qui vous aidera à choisir vos combats quand vous serez tous réunis autour de la table de la cuisine avec les estimations et les devis des prestataires en mains.

• Si vous et votre fiancé êtes des gourmets et si vous vous refusez absolument à lésiner sur la nourriture - des hors-d'œuvre servis sur assiette à la crème brûlée qui accompagne le gâteau -, faites un sacrifice sur un autre budget (ou participez à la dépense si vos parents ne peuvent ou ne veulent pas augmenter le budget consacré au traiteur).

• Vous pensiez qu'un groupe musical serait vraiment sympathique, mais vos parents insistent sur le fait qu'un bon DJ coûte 5 000 euros de moins ? C'est peut-être le bon poste où lâcher du lest.

Quelles que soient les concessions, veillez à aborder tous les sujets avec vos financiers, de façon que chacun sache où il en est. Il y aura beaucoup moins de heurts si tout est étalé sur la table. Donc, préparez-vous à discuter.

Négocier avec ses parents

En ce qui concerne vos propres parents, il est bon que votre fiancé soit à vos côtés car il est essentiel que vos parents vous voient agir comme une entité, surtout quand il s'agit de prendre des décisions. Néanmoins, vous n'avez pas forcément besoin de lui ici, puisque ce sont vos parents et que vous savez négocier avec eux. Mais en ce qui concerne les parents de votre fiancé (et l'ensemble de sa famille), rappelez-vous qu'il est le mieux placé pour les gérer. Le fait que vous soyez la mariée et que vous teniez les rênes des opérations ne signifie pas que vous deviez vous plonger dans tous les problèmes avec vos beaux-parents comme vous vous absorbez dans le choix de la teinte des callas. Ces eaux sont plus troubles que celles dans lesquelles vous avez navigué avec vos parents et vous aurez besoin du soutien de votre fiancé. La position de « bientôt belle-fille » est tout à fait différente de celle de « petite amie ».

LES SUJETS DÉLICATS EN FAMILLE

Pour négocier avec sa famille ou la vôtre, mieux vaut que vous présentiez un front uni.

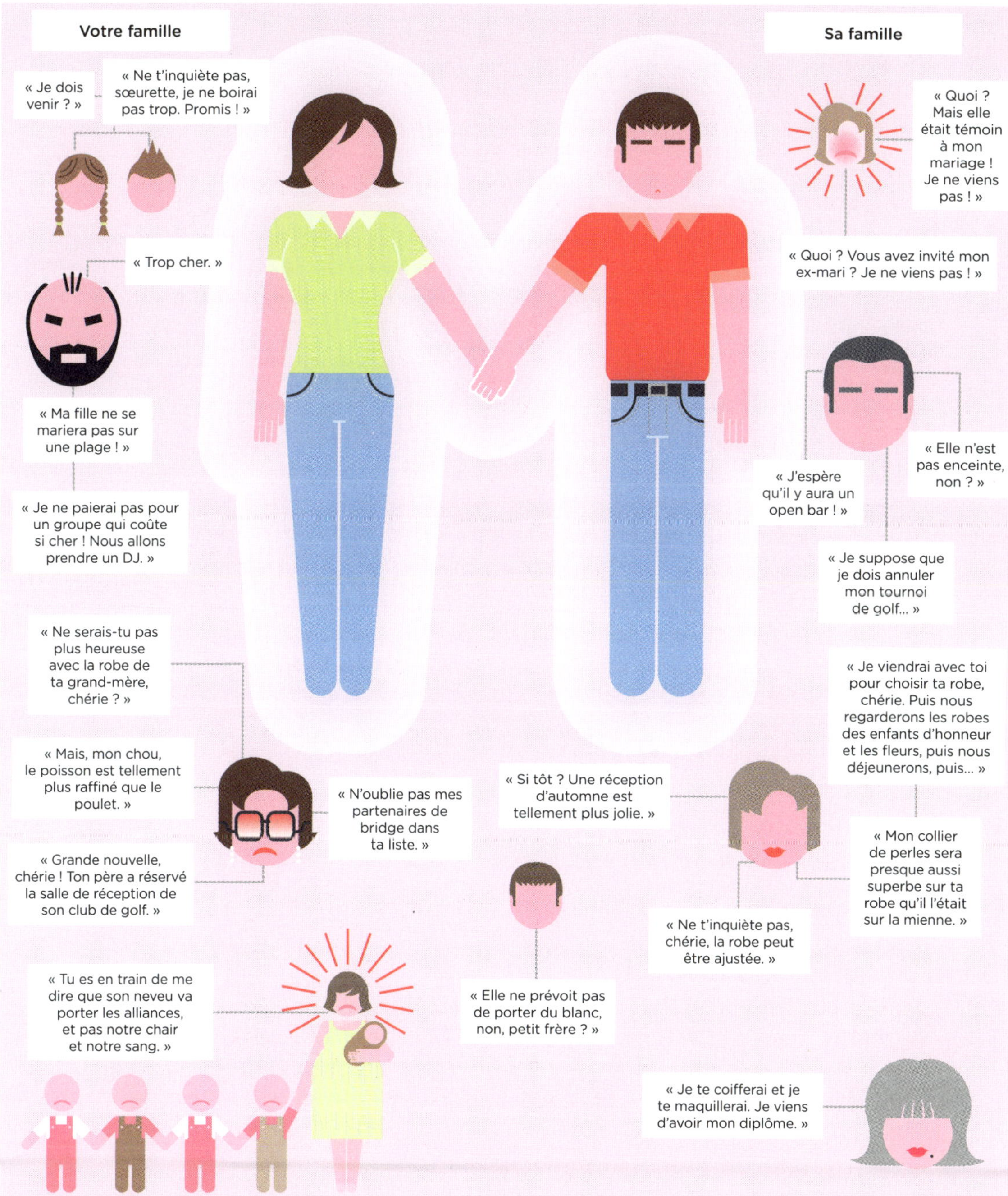

• Sa mère avait peut-être l'habitude de vous flatter, mais maintenant que vous épousez pour de bon son fils unique, elle a un comportement étrange de propriétaire et vous ne savez pas vraiment comment réagir.

• Comme vous le prévoyiez, la prévenance mielleuse et envahissante de sa mère vous donne des crises de panique car vous ne voulez pas qu'on vous emmène déjeuner et faire les magasins tous les week-ends pour trouver votre robe.

• Peut-être ne souhaitez-vous pas porter son voile, mais elle ne l'a même pas vraiment proposé ; elle a simplement versé une larme et, avec un grand sourire, l'a sorti de son carton et vous l'a tendu. S'il s'était agi de votre mère, vous auriez probablement été aimable mais cela ne vous aurait pas gênée de lui dire que vous aviez jeté votre dévolu sur une mantille vue dans la vitrine de la plus jolie boutique de la ville. Mais avec elle ? Comment allez-vous faire ?

Détendez-vous. Parlez à votre fiancé. Peu importe le sujet – une situation dont vous ne savez pas comment vous sortir, une proposition que vous préféreriez décliner, un guet-apens... Commencez par envisager avec lui la meilleure façon de régler le problème. Si vous préférez affronter une situation délicate seule, et ainsi ne pas avoir l'impression de moucharder, c'est parfait. Demandez-lui simplement conseil avant de le faire. Il peut vous aider à comprendre ce que cache l'attitude qui vous contrarie et comment aborder intelligemment le sujet avec ses parents.

Gérer les autres membres de la famille

Voyez si ces scénarios vous disent quelque chose :

• Vous n'avez jamais été la plus grande fan de la sœur de votre fiancé ; quand elle vous a demandé d'être témoin à son mariage il y a deux ans, vous étiez surprise mais vous avez accepté en réprimant vos réticences. Mais maintenant vous réalisez que vous êtes dans une situation terrifiante : doit-elle être l'une de vos témoins alors que vous ne la supportez pas !

• Vous adorez votre frère, mais il a tendance à abuser de la boisson, notamment dans les grandes réunions de famille avec open bar. Il fait partie des témoins de votre bien-aimé, ce qui l'engagera à se lever pour faire un discours. Mais vous savez qu'il sera éméché lorsqu'il grimpera sur l'estrade pour parler. Il a eu quelques années turbulentes et quand vous ferez part de ce souci à vos parents, ils balaieront le sujet et vous diront de le laisser en paix – « C'est ton frère et il t'aime ». Mais aucune dose d'amour ne l'empêchera de raconter des histoires très embarrassantes sur votre jeunesse.

• Votre fiancé a une seule nièce et vous avez un milliard de nièces et de neveux. Il va être difficile de choisir la semeuse de pétales parmi eux et vous connaissez sa nièce depuis sa naissance et même avant, donc vous lui proposez ce rôle. Mais, là, vos sœurs ne sont pas satisfaites. Leurs bouts de chou sont de votre sang et vous ne les avez pas choisis ? Comment avez-vous pu ?

Pas de nouvelles recettes ici. En ce qui concerne la gestion des conflits, ou leur désamorçage, avec les membres de la famille, mieux vaut dialoguer immédiatement – après vous être assuré des soutiens. Il s'avérera peut-être que votre fiancé ne sait toujours pas pourquoi sa sœur vous a prise comme témoin et qu'il est sûr qu'elle n'a pas envie que vous lui rendiez la pareille. Peut-être êtes-vous assez copine avec le meilleur ami de votre frère, qui assistera au mariage, pour le charger de garder un œil sur lui et de veiller à ce qu'il ne prenne pas le micro après quelques verres de trop. Votre mère pourrait sans doute expliquer à vos sœurs que vous vous sentiez incapable de choisir parmi toutes vos nièces chéries ; en revanche, elles apporteront les cadeaux durant la cérémonie pendant que la nièce unique de votre nouveau mari sèmera les pétales.

Et, toujours, parlez, parlez, parlez - et le plus tôt sera le mieux. Toutes ces personnes vous aiment. Laissez-leur le bénéfice du doute et acceptez qu'elles montrent à quel point elles se sentent concernées.

CHAPITRE 10

Préparer la robe

Les dates sont fixées, les rôles sont distribués et toute la logistique est lancée. Vous pouvez maintenant revenir à l'essentiel – vous et ce à quoi vous ressemblerez dans la robe.

Il n'est même pas nécessaire que vous lisiez cette section car vous avez probablement déjà réservé dans votre salle de gym un appareil de musculation réglé sur cent kilos, tous les matins à 5 h 45 jusqu'à la veille de votre mariage, et vous avez des rendez-vous dans les meilleurs spas et salons de beauté. Et il est vrai que, même quand vous croulez sous les listes d'invités et les renseignements ferroviaires, vous ne perdez pas de vue votre principal objectif : être prête pour l'événement.

C'est très bien – et c'est normal – mais essayez de ne pas vous rendre folle. Rappelez-vous que la personne qui vous intéressera le plus ce jour-là devrait vous trouver splendide. Néanmoins, voici une méthode simple pour organiser votre préparation jusqu'au matin du grand jour.

Tonifier votre corps

Les futures mariées succombent souvent au désir de se débarrasser de quelques kilos pour être digne de leur robe. Bonne nouvelle : vous avez encore un peu de temps avant de défiler jusqu'à l'autel et vous pouvez donc perdre un peu de poids lentement et progressivement.

1. Calculez le temps qui reste avant votre mariage et le nombre de kilos que vous voulez perdre, puis décidez de la marche à suivre.

2. Cherchez des régimes assistés, prenez rendez-vous avec un nutritionniste qui vous conseillera et vous établira un plan sur les mois à venir, ou discutez avec une amie très branchée sur la question.

3. Si vous ne l'avez pas encore fait, inscrivez-vous à un cours de gym. Renseignez-vous sur les cours, les séances d'entraînement personnalisé ou même les programmes conçus spécialement pour les futures mariées qui veulent peaufiner leur silhouette avant de se glisser dans leur robe.

4. Demandez à votre entraîneur personnel de vous indiquer les exercices qui tonifieront vos bras, votre dos, votre ventre, vos cuisses et vos mollets. Votre robe laissera voir au moins l'une de ces parties du corps.

Planifier vos soins de beauté

Tout en sculptant vos deltoïdes et en affinant vos cuisses, pensez à vous occuper du reste. Vous allez peut-être déjà régulièrement vous faire couper et colorer les cheveux chez un coiffeur et vous avez sans doute une esthéticienne de confiance. Discutez avec elles : dites-leur comment vous imaginez vos cheveux, vos dents et votre peau dans x mois.

Les cheveux

Vous savez qu'habituellement vous attendez quatre mois pour vous faire couper les cheveux - et, quand vous êtes désœuvrée, vous coupez les fourches. Si vous voulez arborer des boucles dignes d'une publicité pour shampooing le jour de votre mariage, votre coiffeuse va probablement vous conseiller de modifier vos habitudes. Envisagez avec elle des coupes régulières, des traitements en profondeur et mettez au point un planning de soins pour être sûre que vos cheveux ressembleront à ces modèles de rêve.

Parole d'expert

Tout bon coiffeur vous conseillera de ne pas changer radicalement de coiffure le jour de votre mariage. Quand vous recevrez les photos, vous aurez envie de vous trouver radieuse et pas d'être épouvantée par cette frange expérimentale.

Les dents

Vous avez discuté avec vos parents jusqu'à l'épuisement de la torture des appareils dentaires quand vous aviez 16 ans ; mais maintenant, devant ces centaines de photos de vous et votre sourire, vous regrettez de ne pas avoir pris soin de vos dents. Et des zones d'ombre dans le miroir trahissent vos trois tasses de café quotidiennes.
Ajoutez votre dentiste sur la liste des gens à informer de vos fiançailles - dès que possible - et voyez avec lui ce qui peut être réparé ou amélioré d'ici à votre mariage. Il existe aujourd'hui toutes sortes de solutions pour redresser et blanchir les dents ; vous serez prête à lancer des sourires aveuglants.

Les ongles

Il n'est pas nécessaire d'attaquer les séances de manucure des mois à l'avance pour avoir des ongles en forme. À moins, évidemment, que vous ne les rongiez. Dans ce cas, vous devriez appliquer régulièrement un vernis répulsif.

Parole d'expert

Vous envisagez sans doute de partager l'ultime séance de manucure et de pédicure avec vos témoins et les deux mamans, dans un spa charmant, propice à la relaxation, où l'on vous dorlotera. C'est la méthode idéale pour apaiser votre trac (vous entourer de vos bavardes préférées), être parfaite jusqu'au bout des ongles et passer un agréable moment de camaraderie féminine avant de marcher jusqu'à l'autel. N'oubliez pas d'envoyer un courriel d'invitation aux dames concernées quelques semaines à l'avance pour vérifier qu'elles sont libres, que les tarifs de votre spa leur conviennent (à moins, bien sûr, que vous n'ayez décidé de leur en faire cadeau) et qu'elles n'ont pas déjà prévu une séance trois jours avant votre mariage.

PRÉPARATION PHYSIQUE

N'attendez pas le dernier moment pour vous occuper de votre forme.

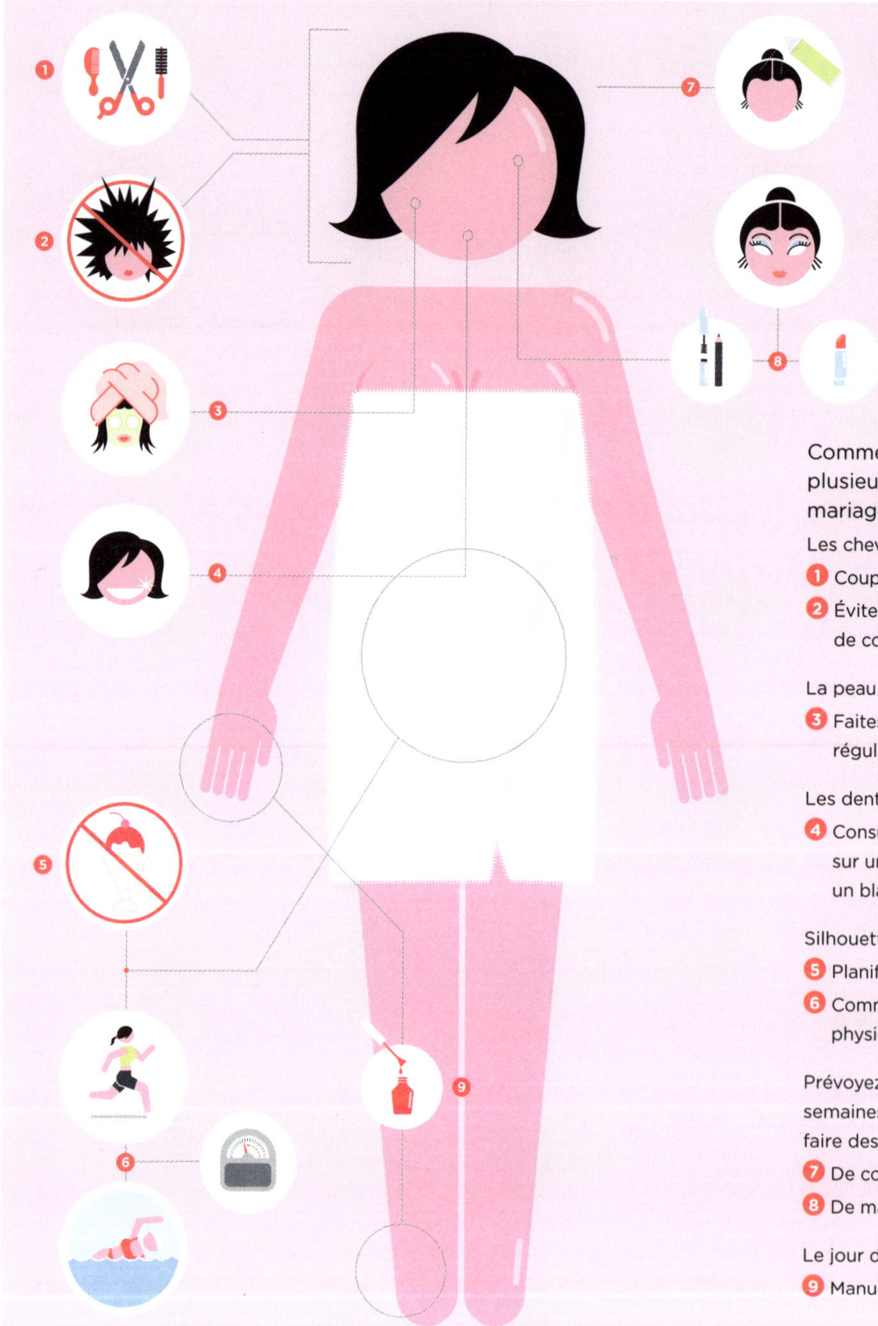

Commencez à vous préparer plusieurs mois avant le mariage

Les cheveux :

1. Coupes régulières
2. Évitez un changement de coiffure radical

La peau :

3. Faites des soins du visage réguliers.

Les dents :

4. Consultez votre dentiste sur un redressement ou un blanchiment éventuel.

Silhouette :

5. Planifiez un régime.
6. Commencez une préparation physique.

Prévoyez des séances plusieurs semaines avant le mariage pour faire des essais :

7. De coiffure
8. De maquillage

Le jour du mariage :

9. Manucure et pédicure

La peau

Dès que possible, prenez rendez-vous avec la meilleure esthéticienne de votre spa ou avec votre dermatologue – et de préférence avec les deux. Des visites régulières permettront de contrôler vos problèmes de peau habituels (sécheresse, acné, etc.) et de mettre au point une stratégie de régulation d'ici à votre mariage.

L'essai coiffure et maquillage

Tous les préparatifs des mois précédents sont importants, mais les séances avec les professionnels qui vont vous coiffer et vous maquiller le jour du mariage sont cruciales.
Pour la coiffure comme pour le maquillage, fixez un rendez-vous plusieurs semaines avant le jour J. Lors de cet essai, vous demanderez exactement ce que vous voulez le jour du mariage : coiffure et maquillage complets, faux-cils, voile… Vous aurez envie de voir ce qui vous va : vous avez peut-être toujours imaginé un chignon lâche, décentré et, le jour de l'essai, vous constaterez qu'il est absolument magnifique vu de dos, mais qu'il ne diffère pas tellement des cheveux que vous ramenez en arrière pratiquement tous les jours. Donc vous voudrez autre chose. Et c'est peut-être le moment d'essayer un fard à paupières bleu foncé ou gris fumé. L'essai va vous permettre de tout décider. Si vous attendez le dernier moment, on peut raisonnablement penser que vous devriez prévoir le temps de réparer une catastrophe.

1. Comme vous l'avez fait lorsque vous avez cherché votre robe, réunissez des exemples des styles que vous aimez : découpez des pages de magazines et imprimez des pages Web de coiffures et de maquillages qui vous plaisent.

2. Apportez votre dossier aux spécialistes qui auront la responsabilité de les recréer : votre coiffeuse et l'artiste du maquillage.

3. Puis, lors de l'essai, envisagez avec votre conseillère la meilleure façon de parachever votre look, en tenant compte de votre voile ou coiffe, du style général, du type de mariage, de l'environnement et de tout ce qui jouera en votre faveur.

Par exemple, si votre coiffeuse sait que vous lâcherez vos tresses extrafines lors de la cérémonie sur la plage, elle peut vous prédire qu'elles ne conserveront pas leur aspect ondulé. Il en va de même pour la maquilleuse : si vous repoudrez rituellement les zones brillantes tous les jours avant midi et que vous craignez de renverser le poudrier sur votre robe de mariée, elle vous proposera la meilleure stratégie pour éviter ce drame, tout comme elle vous conseillera la meilleure teinte d'ombre à paupières.

Pour éviter un désastre potentiel, programmez à l'avance un essai de maquillage et de coiffure.

Désastre

1. Cheveux trop gonflés et trop laqués
2. Sourcils trop dessinés
3. Ombre à paupières trop sombre et faux cils trop épais
4. Blush trop soutenu
5. Rouge à lèvres trop foncé

Perfection

Bonjour ma belle !

Si vous ne devez retenir qu'une chose de ce chapitre, gardez l'image du sac à pommes de terre de la page 120. Sérieusement. C'est sans aucun doute la plus belle robe que vous avez jamais portée et peut-être – à moins que vous n'ayez une invitation aux Césars sous le coude – la plus belle que vous porterez jamais. Votre coiffure et votre maquillage ont été réalisés par des professionnels et vous portez sûrement quelques bijoux en plus du caillou que vous a offert votre homme, il y a un an environ.

Mais surtout, vous savez au fond de vous qu'il ne se rappellera pas les détails de votre décolleté en cœur ou de la taille Empire. Il se rappellera seulement qu'il ne vous avait jamais vue si belle, si radieuse, si éblouissante.

BONJOUR MA BELLE !

Tous les yeux seront braqués sur vous quand vous ferez votre grande entrée.

Commencez à vous préparer plusieurs mois avant le mariage

1. Coiffure et maquillage réalisés par des professionnels
2. Bijoux élégants
3. Joli bouquet
4. Très probablement la plus belle robe que vous porterez jamais

Réactions du public :

Fiancé : conquis

Père : épanoui

Mère : pleurant de joie

Témoin : heureuse, mais un brin jalouse

Grand-père : inconscient

Photographe : inspiré

Wedding planner : soulagée

Officiant : charmé

CONCLUSION

Au bout du compte, vous êtes mariée !

Ce livre ne sera bientôt plus qu'un souvenir. Dans quelques mois, vous ne serez plus une simple petite amie ou une fiancée. Vous serez une épouse. Vous serez bronzée – grâce à cette fabuleuse lune de miel évidemment. Et vous passerez plein de merveilleux moments maintenant que vous n'avez plus à vous soucier de rendez-vous, de coupons de tissu et de dégustation de gâteaux.

Mais pour être sûre que le retour à la réalité ne sera pas trop rude, voici quelques astuces concernant la touche finale qu'il vous reste à apporter à ce mariage : les mots de remerciement.

Les remerciements : guide pratique

Si vous avez posé les bonnes bases, les mots de remerciement devraient être une tâche facile. Principes élémentaires :

1. Contrairement à ce que vous croyez peut-être, vous n'avez pas un an devant vous. Huit semaines sont en fait le maximum admissible pour recevoir un mot de remerciement concernant des cadeaux offerts avant ou juste après le mariage. Faites tout pour respecter ce délai. Vos invités le méritent.

2. Si votre budget vous le permet, faites imprimer une autre série d'enveloppes pour les mots de remerciement en même temps que pour les invitations. Ainsi, la tâche fastidieuse et redoutée consistant à écrire un million d'adresses est évitée. Il y en a peut-être quelques-unes que vous n'utiliserez pas, mais même les RSVP négatifs enverront sans doute un cadeau à un moment ou à un autre, et vous n'imaginez pas votre soulagement d'avoir des enveloppes prêtes à partir.

3. Enveloppes imprimées ou pas, il est prudent d'emporter votre liste d'adresses et vos bristols de remerciement au cours de votre lune de miel.

Astuces pour les remerciements

1. Envoyez-les au maximum huit semaines après réception du cadeau.
2. Utilisez des enveloppes pré-imprimées pour gagner du temps.
3. Rédigez ces mots pour passer le temps pendant un long trajet aérien.
4. Gardez votre assistant scribe à proximité.

Pour les rédiger lors d'un dîner aux chandelles sur la plage ? Allons ! Mais si le vol est long, imaginez votre satisfaction d'atterrir en sachant que vous et votre mari avez tout terminé. C'est une occupation idéale en avion. Et enfermé comme vous, votre mari (probablement) réticent ne pourra pas échapper à son devoir d'écriture. Et à propos du devoir d'écriture de votre mari (probablement) réticent, vérifiez qu'il est équivalent au vôtre. Ce travail peut être assez long, donc mettez-vous dans le bain du tout nouvel adage « le mariage est un partenariat » et partagez :

• Chargez-vous de vos amis et de votre famille, il se chargera de ses amis et de sa famille.

• Remerciez-les abondamment pour leur présence et leur cadeau ; dites-leur comment vous comptez utiliser leur cadeau ; et n'oubliez pas de répéter combien ce jour a été merveilleux pour vous.

• Le mot ne doit pas être conventionnel, mais au bout de quelques-uns, vous aurez pris le rythme et, avant même de réaliser, ils seront tous rédigés, signés et envoyés.

À part l'organisation de cette dernière tâche, vous devez vous sentir plutôt bien maintenant. Vous êtes parfaitement prête pour votre grand jour. Vous allez enfin cesser de penser à cette énorme entreprise qui consiste tout simplement à se marier.
Parce qu'il s'agit uniquement de cela, voyez-vous. Pas d'un jour. Pas d'une réception. Mais d'un mariage. Le reste de votre vie. Et c'est ce sur quoi vous devez vous concentrer : le plaisir et la joie. Préparez-vous donc à vous y plonger ; le temps est enfin venu !

APPENDICE

Aide-mémoire budgétaire

Cette fiche vous servira à faire le tour de toutes les dépenses possibles pour les festivités.

BUDGET GLOBAL DISPONIBLE

Lieu	€
Traiteur	€
Photographe	€
Robe	€
Invitations	€
Fleurs	€
Transport	€
Musique	€
Extra	€

TOTAL €

Aide-mémoire budgétaire

Cette fiche vous servira à faire le tour de toutes les dépenses possibles pour les festivités.

BUDGET GLOBAL DISPONIBLE

Lieu	€
Traiteur	€
Photographe	€
Robe	€
Invitations	€
Fleurs	€
Transport	€
Musique	€
Extra	€

TOTAL €

Aide-mémoire des « lieux de réception »

Cette fiche vous servira à noter les détails importants
visité les candidats de tête, vous comparerez vos

LIEU

Nom | Date de la visite __ __ / __ __ / __ __

Adresse (numéro et rue) | Ville

Département/Province | Pays | Code postal

Tél. ___ - ___ - ____ | Site Internet

COORDINATEUR/DIRECTEUR

M. ○ Mme ○ Mlle ○

Tél. ___ - ___ - ____ | Courriel

Commentaires

concernant les lieux envisagés pour votre mariage. Après avoir
impressions et vos informations concernant chaque site.

CAPACITÉ

Cérémonie	Cocktail ◯ OUI ◯ NON
Dîner (assis)	Piste de danse
Heures ☐☐ : ☐☐ — ☐☐ : ☐☐	

TRAITEUR

Sur place	Liste proposée
Tarif, si traiteur choisi € ☐☐☐	Gâteau compris ◯ OUI ◯ NON
Tables et chaises comprises ◯ OUI ◯ NON	Linge compris ◯ OUI ◯ NON

SUPPLÉMENTS

Lieu pour les photos ◯ OUI ◯ NON	Parking ◯ OUI ◯ NON
Restrictions	Vestiaire
Acompte € ☐☐☐	Acompte de réservation € ☐☐☐
Impressions générales	

Projet de liste des invités

Après avoir recensé les invités « non négociables », pour la liste « B ».

LISTE « A »

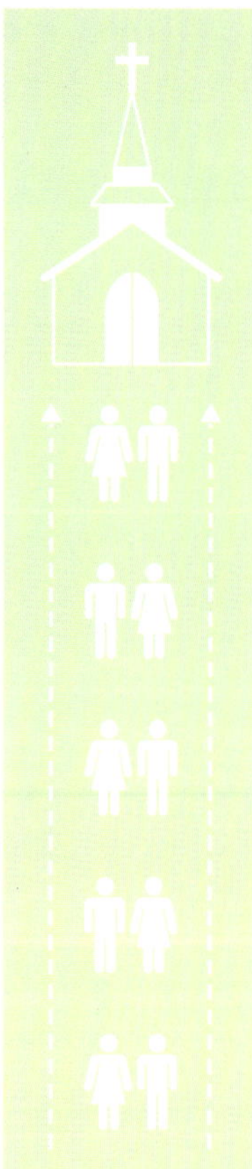

(a) CAPACITÉ D'ACCUEIL TOTALE — TOTAL ☐☐☐

(b) INVITÉS NON NÉGOCIABLES

MARIÉE	Famille	☐☐☐
	Amis	☐☐☐
MARIÉ	Famille	☐☐☐
	Amis	☐☐☐
ENFANTS INVITÉS ◯ O ◯ N		☐☐☐

Additionnez les invités non négociables — TOTAL ☐☐☐

(a) - (b) = (c)

(c) SIÈGES POUR LA LISTE « B » ET LES INVITÉS HASARDEUX — TOTAL ☐☐☐

cette fiche vous aidera à déterminer le nombre de places restant

LISTE « B » DE LA MARIÉE ET DU MARIÉ

Les amis de la mariée		Les amis du marié	
Les collègues de la mariée		Les collègues du marié	
Le patron de la mariée		Le patron du marié	
TOTAL		TOTAL	

LISTE « B » DES PARENTS

PARENTS DE LA MARIÉE

Parents éloignés	
Amis	
Patron/Collègues	
TOTAL	

PARENTS DU MARIÉ

Parents éloignés	
Amis	
Patron/Collègues	
TOTAL	

⚠ INVITÉS HASARDEUX (réfléchissez bien avant de les inviter)

- ○ Amis divorcés ○ Lui ○ Elle
- ○ Ex de la mariée
- ○ Ex du marié
- ○ Le joyeux alcoolique
- ○ Les fauteurs de troubles
- ○ Divers

Aide-mémoire « wedding planner »

Cette fiche vous aidera à choisir votre wedding planner. Quand vous aurez fait votre choix, gardez ses coordonnées à portée de main en permanence.

WEDDING PLANNER

M. ◯ Mme ◯ Mlle ◯

Entretien : DATE ☐☐ / ☐☐ / ☐☐ | HEURE ☐☐ : ☐☐ | ◯ Matin ◯ Après-midi

Adresse (numéro et rue) | Ville

Département | Pays | Code postal

TÉL. ☐☐☐ - ☐☐☐ - ☐☐☐☐ | ◯ Domicile ◯ Bureau ◯ Portable ◯ Fax

Site Web | Familier du lieu de réception ◯ OUI ◯ NON

Le forfait comprend | Prix € ☐☐☐☐☐

Bon / mauvais contact

Aide-mémoire « wedding planner »

Cette fiche vous aidera à choisir votre wedding planner. Quand vous aurez fait votre choix, gardez ses coordonnées à portée de main en permanence.

WEDDING PLANNER

M. ○ Mme ○ Mlle ○

Entretien : DATE __ __ / __ __ / __ __ HEURE __ __ : __ __ ○ Matin ○ Après-midi

Adresse (numéro et rue) | Ville

Département | Pays | Code postal

TÉL. __ __ __ – __ __ __ – __ __ __ __ ○ Domicile ○ Bureau ○ Portable ○ Fax

Site Web | Familier du lieu de réception ○ OUI ○ NON

Le forfait comprend | Prix € __ __ __ __ __

Bon / mauvais contact

Aide-mémoire photographe

Cette fiche vous aidera à choisir votre photographe. Quand vous aurez fait votre choix, gardez ses coordonnées à portée de main en permanence.

PHOTOGRAPHE

M. ◯ Mme ◯ Mlle ◯

Entretien: DATE __ __ / __ __ / __ __

Adresse (numéro et rue)

Ville

Département

Pays

Code postal

TÉL. ___ – ___ – ____

◯ Domicile ◯ Bureau ◯ Portable ◯ Fax

Site Web

Courriel

Heures

Nombre de photos

Prix € _____

SECOND PHOTOGRAPHE

M. ◯ Mme ◯ Mlle ◯

TÉL. ___ – ___ – ____

◯ Domicile ◯ Bureau ◯ Portable ◯ Fax

Site Web

Prix € _____

Aide-mémoire photographe

Cette fiche vous aidera à choisir votre photographe. Quand vous aurez fait votre choix, gardez ses coordonnées à portée de main en permanence.

PHOTOGRAPHE

M. ○ Mme ○ Mlle ○

Entretien: DATE ☐☐ / ☐☐ / ☐☐

Adresse (numéro et rue)

Ville

Département

Pays

Code postal

TÉL. ☐☐☐ - ☐☐☐ - ☐☐☐☐

○ Domicile ○ Bureau ○ Portable ○ Fax

Site Web

Courriel

Heures

Nombre de photos

Prix € ☐☐☐☐☐

SECOND PHOTOGRAPHE

M. ○ Mme ○ Mlle ○

TÉL. ☐☐☐ - ☐☐☐ - ☐☐☐☐

○ Domicile ○ Bureau ○ Portable ○ Fax

Site Web

Prix € ☐☐☐☐☐

Index

L'auteur

Bien qu'à la date de l'impression, CARRIE DENNY n'ait pas encore organisé son propre mariage, elle est dans le métier depuis des années en tant que rédactrice en chef de la publication nuptiale du magazine *Philadelphia* : *Philadelphia Wedding*. Elle a répondu à toutes les questions des futures mariées sur tous les sujets : Peuvent-elles oublier d'inviter leur si jolie meilleure amie qui pourrait les éclipser le grand jour ? Non ! Peut-on accorder un budget équivalent à celui de la robe pour engager un coach personnel, juste pour être sûre d'être au mieux de ses formes une fois qu'on se sera glissée dedans ? Oui ! Est-ce réellement si mal de modifier complètement une liste de mariage dès que son fiancé a le dos tourné ? Peut-être ! Elle a vécu pendant des années comme une encyclopédie incarnée du mariage, de garde pendant les fiançailles de ses amies, et comme une sage-femme pendant le neuvième mois.
Et quand son petit ami craquera, elle sera la future mariée la plus calme, décontractée, logique et rationnelle qui aura jamais organisé un mariage. Elle vit dans Center City, à Philadelphie.

Les illustrateurs

PAUL KEPPLE et SCOTTY REIFSNYDER sont mieux connus sous le nom de HEADCASE DESIGN, un studio basé à Philadelphie. Ils travaillent pour de nombreuses publications comme AIGA'S 365, 50 Books/50 Covers, American Illustration et Communication Arts, Graphis and Print. Paul a travaillé chez Running Press Book Publishers plusieurs années avant de créer Headcase en 1998. Il est diplômé de la Tyler School of Art où il enseigne aujourd'hui. Scotty est diplômé de l'université de Kutztown et a obtenu son MFA (Masters of Fine Arts) à la Tyler School of Art où Paul était son professeur.

Publié pour la première fois aux États-Unis en 2009 sous le titre *The Bride's Instruction Manual* par Quirk Books
215 Church Street
Philadelphia, PA 19106
www.quirkbooks.com

Design de Paul Kepple et Jude Buffum @ Headcase Design

Ce livre a été négocié par l'agence littéraire Sea of Stories
www.seaofstories.com
sidonie@seaofstories.com

Pour l'édition française :
Traduction : Catherine Bricout
Relecture et adaptation : Mathilde Huyghues Despointes et Cécile Dick
Conception graphique et illustrations de Paul Kepple et Scotty Reifsnyder pour Headcase Design
Mise en pages : Cipanga

Imprimé par Macrolibros en Espagne,
Pour le compte des éditions Hachette Livre (Marabout).
58, rue Jean-Bleuzen, 92160 Vanves Cedex.
Dépôt légal : avril 2016
ISBN : 978-2-501-11372-4
Codif : 6984701